What schools don't teach you

人生必修

10 堂課

序

人生必修的課程，當然不只是這本書裡的內容。你應該要學的課程很多，內容因人而異，每個人各取所需。有的知識更為基礎，有的則更加高深。

然而，只要是人，需求上來說幾乎都大同小異，從成長、入學的階段，接受教育並進入團體生活，尋找個人的興趣與目標；接下來遇到婚姻、家庭生活、生兒育女、侍奉父母的階段，還有職場上競爭以及各種謀生的管道，這當中經歷了各式各樣的喜怒哀樂與成敗起落，也讓我們逐漸體會到除了在課堂上學習的知識之外，人生還有很多應該學會的基本課程。

誰不希望能夠自由自在、自律自豪？但往往因為不品格，在觀念上的無知與無能，讓一個人逐漸走入生命的死胡同，變得越來越沮喪失志，對所有的事情都失去了興趣及活力。然而，這一切的問題都是有方法可以學習的！不管問題有多麼嚴重，都可以修復，只要你能夠具備這些知識，人生從此就會大大地不同。

這本書提供給讀者深入淺出的基本課程，每個章節都是一堂堂有趣的哲學。這些主題都是一般人平常會思考的範圍，你可以自己研究，也可以跟看過書的朋友一起討論，在生活當中一步步地推敲。

序

我相信，不管你現在是否很有成就，或只是走在人生的起跑點上，只要你看過本書，書裡的內容一定會對你有所幫助，也會帶來很多意外的驚喜。

古人有云：「盡信書，不如無書」。書裡講的再有道理，你還是得要先相信自己，藉由進步成長，多學、多看、多體驗。在此與諸君共勉，希望我們都能夠掌握自己的美麗人生。

心橋顧問公司總裁　陳海倫

目錄

第 1 堂課
非贏不可？

在生活裡，那些越尖銳、越刺激的事情，在探討的時候一定要挖得更深，因為越深越痛，看見真相之後才能處理，才有機會解決問題。所以，當你在本書當中回答問題時，必須要非常誠實、毫無保留，才會看見自己身上的狀況。

這一章節講到的主題是「贏」。贏，是生活裡最刺激、最痛快的事，也是所有人最想追求的。但是，每一個人對贏的定義並不是完全一樣——對某些人來說，贏必須要經過一場激戰，獲得勝利之後放情大笑一番；對另外一個人來說，贏，可能是經歷過台面下的鬥爭，贏了也只能暗自偷笑、面無表情。有的人贏了，會覺得自己很得意，但也有的人贏了，反而會覺得失去的更多。

關於贏，每個人都有專屬於自己的模式，也只有自己才知道答案。從小到大，你一定記得自己「一定要贏」的事情——不管最後有沒有贏，但是在那件事情的時間點當中，心中的想法就是「非贏不可」，那種強烈的感覺是畢生難忘的，也驅使你在生活上調整做事情的方法與步調。

現在，請你找出至少十件「非贏不可」的事件，越多越好，理由也要找出來。

第1堂課 非贏不可？

比方說，唸小學的時候合唱團在選指揮，你一定要選上。至於你一定要贏的原因，是回家之後讓媽媽知道你有能力當指揮，這個理由要找出來。

1.

2.

3.

4.

5.

6.

7.

8.

9.

10.

要找出「非贏不可」背後的理由，你一定要非常誠實地面對自己。

比方說，老闆要找人升遷經理，有三個人選，包括你在內。你非贏不可的理由，可能是看其他兩個人不爽，一定要把他們給幹掉，這是一種理由；另外一個理由是升遷之後會加薪一萬塊，為了那一萬塊，自己非贏不可。也有人並不在意薪水，要幹掉另外兩個人也很簡單，他在意的是要讓老婆看得起，不想被當個窩囊廢。

第1堂課 非贏不可？

所以，你在爭的是什麼？

「非贏不可」是一種很強烈的感覺。你真的想贏嗎？就算擁有想要贏的心，也要知道自己到底為什麼要贏。當你知道贏的目的，才會有所領悟，贏在哪裡？贏了什麼？自己得要明明白白，而不是覺得莫名其妙，連為什麼要贏都不知道。

接下來，請找出剛剛列出來的十個事件當中，若贏了之後，會帶給你什麼好處？

1.

2.

3.

4.

5.

6.

7.

8.

9.

10.

第1堂課 非贏不可？

你看到贏的好處，不過，那些好處都是站在你的立場所想像的事。你所認為的好處，對別人來說是不是好處呢？對你，可能是好處；但是當你得到了那些好處，別人舒服不舒服？別人喜不喜歡？

一件事到底是好還是壞，常常是一體兩面的。就好比說，你對事情很有自己的見解，這對你來說是個優點，可是，你爸爸也會覺得這是優點嗎？搞不好他會說你很固執、很難搞，講話簡直是不可理喻，自以為自己很厲害之類的。

贏不是只會帶來好處，同時也會有缺點。現在請你以前面所舉出的事件，找出贏了之後會產生的缺點。你要能夠看到兩邊的關係，才能夠計算利弊得失。

1. ______

2. ______

3. ______

4.

5.

6.

7.

8.

9.

10.

第1堂課 非贏不可？

優點跟缺點都找出來了。現在要做的事很簡單，把優點跟缺點相較之下，是正面的分數多呢，還是負面的分數多？這是個數學問題。

如果計算出來的是正面分數多，恭喜你，這樣的「贏」算是很不錯的。如果算出來是負面的分數多，那你應該要想想，怎樣可以讓這件事情變成正面的分數多。

這是一個關於生存的簡單公式。有時候算出來的分數是負的，不必太緊張，正的也別高興太早，因為隨著時間繼續延長下去，後面的正負分數會互有消長。

一般來說，好的事情比較少有人在宣傳，至於壞的事情就會一直不斷被誇大。也就是說，就算你多做了幾件好事，短時間之內很難有什麼效應。可是，當你做了一件壞事之後，很快全天下的人都知道了。就算是自己的媽媽，一件芝麻綠豆的小事情都可以記很久；跟你往來這麼多年的客戶，只要一件事情沒做對，下次他就不下單給你了。很可怕吧？

如果學會了這個公式，你必須要知道一件更重要的事：「非贏不可」的心態絕對不好！

那麼，應該要有的心態是怎樣呢？

答案是——**輸贏都好！**

不管贏也好，輸也好，你要有平常心，全都能夠坦然接受，只要認真做事，不必去計較輸贏。尤其當你贏習慣了，一定會很慘！

以我自己的心態來說，我可以都讓你贏。我沒有必要贏，輸贏對我來說都可以接受。如果對方要贏才會高興，就讓他高興比較重要，比較重要的是他開心。

所以，當我跟先生相處時，我都不去跟他爭，全都讓他贏，我們的婚姻就不會有事。要是當老婆的什麼都要贏，明天老公外遇了，後天他要離婚了，就算一時爭贏了，又有什麼用？

如果你是個習慣爭輸贏的人，當然人緣不會好，也不會可愛，結婚之後就會遇到嚴重的問題。有許多破碎的婚姻，老婆爭不贏，就只好每天以淚洗面，男人爭不贏，看上去就像條落水狗，永遠抬不起頭。枕邊的另一半變成了敵人，兩個人每天都在廝殺，那情景是多麼可怕！

有些骨子裡性格很強悍的人，外表可能看似軟弱，但他還是堅持非贏不可，不

第1堂課 非贏不可？

管做什麼事都很堅持。能夠堅持是好事，要堅持才有機會贏，如果今天去參加比賽，當然是要贏啊！追求成功是應該的，一定要拼命努力，這種心態並沒有錯。但是，如果把這種「非贏不可」的心態運用在人性險惡的一面，就像在演不擇手段的黑社會電影，即使把人給殺了都在所不惜，那就不對了。

「非贏不可」應該要憑本事，而且不管輸贏都僅限在比賽裡面。比完了之後要惺惺相惜，大家還是志同道合的好朋友，不該把對手設定為敵人，非置人於死地不可。如果是抱著這種心態，套用剛剛的公式去計算之後，分數一定會變成負的。只要你是跟人講道理、憑本事贏來的，也不跟別人去計較輸贏，兩邊都會很開心。

贏要快樂，輸也要快樂；有車很好，沒車也好；有房很好，沒房也沒關係，兩邊都可以很自在，這是人生的快樂之道。一天到晚爭輸贏的人一定不會快樂，就算贏得了一時也贏不了一世，贏得越多，就樹立越多的敵人，這些人一定會找機會報復，一點好處也沒有。

比賽要贏，就要盡全力取得勝利。要是你很好勝，可以拼命練習，讓自己變得很能幹，擁有很高超的技術，憑本事去把事情做對。但把它轉換在人生裡，答案就

是不要去爭輸贏！這種「非贏不可」的心態，絕對會讓你狠狠地栽跟頭。

永遠都要爭第一名的人，其實內心深處很痛苦。他非得要拿第一名不可，但是要跟別人明爭暗鬥，要耍權謀心計，如果沒有拿到第一名，他就會覺得人生沒意義、不公平、悲傷難過甚至自貶，或是跟所有參加競賽的人都翻臉，這種心態當然大有問題。

如果是在婚姻裡，喜歡爭輸贏的人就想要贏得公公、婆婆的心，表現要贏過妯娌，要贏弟媳，甚至要贏自己的先生，要贏所有的親戚，還想贏自己的孩子……這種人在家庭裡是麻煩製造者，也不可能會真正地快樂。

很多個性太強勢的父母會控制他的小孩，目的只是為了要贏。咱們舉個常見的例子：結婚。

當孩子要結婚的時候，為了贏，什麼事情都出了問題——提親出問題，買喜餅出問題，辦婚禮也出問題，因為他覺得很多事情不風光、沒面子，就把孩子的婚事變成自己的籌碼，把婚禮變成他自己的遊戲。那麼多不合理的要求，到底是為了什麼？就是為了「非贏不可」。

第1堂課 非贏不可？

平常看起來軟弱的人，在某些事情上也可能會「非贏不可」，只是用不一樣的方式呈現。

譬如說，有些同事見到你很能幹，他贏不了你，就不跟你講話，或是到處挖洞給你跳，用其他的方法來「贏」你。或者是有的先生薪水沒老婆多，所以老婆煮的菜他就故意不吃，或是一直找機會挑老婆毛病，這也是另外一種方式的「贏」。

人與人之間的關係若搞成這樣就很沒意思。但是，真的愛計較的人，總是會找到一個方法來報復，在某些時候扯別人後腿。要是用不正當的手段得到勝利，後面該來的報應，也一定躲不掉。

如果你有「非贏不可」的想法，千萬切記這個章節的「生存公式」，把正面跟負面的分數加一加，得先仔細去衡量一下。若是你能夠練到什麼事都以平常心看待，不管輸贏都無所謂，這個公式就不會啟動。

剛剛列出了這麼多「非贏不可」的例子，從小到大都在爭輸贏，最後你覺得快樂嗎？還是每天戰戰兢兢？非贏不可的心情其實不好受，緊張到連飯都難以下嚥，

尤其還要提心吊膽怕別人報復，最後要修復這些東西，非常困難。

人生有些事情可以彌補，有些沒辦法補，就好比爭輸贏所造成的關係破裂，絕大部分是補不起來的。跟同學吵架、在軍中跟同袍吵架或是跟同事吵架，回到家裡跟老婆吵架，那些關係怎麼辦？離了婚，有辦法補嗎？

最後奉勸各位，關於「贏」這件事，已經想清楚的人就不會去跟別人爭對錯。人生沒有什麼非贏不可的事，不需要浪費自己的時間跟體力去做沒有建設性的事情。爭對錯不會讓事情變得更好，你要能夠分辨哪些事值得做，哪些事不值得。

第2堂課
自私好嗎？

自私到底好不好？

講到這個話題，大家的心裡可能會想：「不自私，比較不會被別人罵。」

「不自私，就沒辦法賺多一點。」

「我也想自私一些，但就是不敢。」

「我想做自己想要做的，可是又怕傷害到別人。」

於是，你心中會有一個疑惑，不知道該說自私到底是好還是不好，掙扎了半天還是不曉得該怎麼辦。

如果，有人跟你說：「請你改變一下心意吧。就當為了他，好嗎？」

「改？我幹嘛改？」

「那，就當是為了我好了。」

「不要啦！」

「那，那麼他……」

「他怎樣，關我屁事啊？」

這樣的態度就是自私，做事情時沒有站在別人的立場，只顧著自己喜歡的，根

第2堂課 自私好嗎？

本不在乎別人怎麼想。

反過來看，一個完全都不自私的人，什麼事情都幫人著想，什麼資源都跟別人分享，會不會有什麼危險？

「唉呀，糟糕了，怎麼一無所有了？」

原本是很好心，最後反而搞到傾家蕩產。這時候，就考慮該不該自私一點，畢竟人不為己，天誅地滅。

一般人在職場工作時，會遇到有些讓人覺得很自私的老闆。他不給福利，對待員工很刻薄，賺來的錢幾乎都是他自己的，或是公司訂出很不合理的規矩，只是為了老闆自己方便，或是滿足他個人的喜好。

明明不合理，但也沒辦法去爭辯；老闆就是這麼自私，公司是他開的，當員工的就只能活該倒楣，怎麼辦？

人生的路很長。若不幸遇到這種狀況，你要考慮的是：後面的日子也要這樣過嗎？人在做，天在看，做壞事的人會怕的，也不過是遭到天譴。

假設，今天妳很任性地跟男朋友吵架，就算吵贏了，妳會擔心什麼事？擔心對方不理妳、提分手，妳就開始呼天搶地喊救命了。兩個人會吵架，就是因為自私，就是要去爭對錯——他堅持他是對的，你堅持你是對的，所以才會吵架。如果你不自私，一定沒辦法吵。

「好，就聽你的，你都對。」那要怎麼吵？不可能吵得起來。

把場景換在家裡，你會跟媽媽吵架，也是一樣的情形。你有你的利益考量，媽媽也有她的考量，誰也不讓誰，要不然怎麼會吵架？兩個自私的人各自站在自己的角度考量事情，每天針鋒相對，搞得全家雞飛搞跳，滿城風雨。

但是，你必須曉得一件事：在這些衝突當中，往往沒有誰對誰錯的問題。

舉個例子來看。爸爸問你：「你什麼時候要回來？」

你告訴他：「我不會回去。」

「你為什麼不回來？」

「沒有為什麼，我就是不想回去。」

第2堂課 自私好嗎？

「你這死小孩，叫你回來怎麼不回來？」

「我沒事幹嘛要回去啊？」

兩個人在堅持什麼？就是因為自私。爸爸要你回來，是因為他有自己的利益考量，孩子選擇不回去，也是站在自己的立場做為考量。

自私本身沒有什麼對錯的問題，只是不同的選擇，往往會造成天壤之別的結果，這就會是很大的問題。

如果爸爸很自私地堅持說：「你回來讓我看一下是會死喔？」

「要給你紅包，你也不回來喔？」

孩子心裡會覺得奇怪。因為那是他給出來的利誘，只是為了想達到目的而已。

有些女朋友也會這樣，對自己的男朋友發出奪命連環 call：「你在哪裡？」

「我？我在上班。妳要幹嘛？」

「你現在過來，我們去喝咖啡。」

「啊？我在上班，怎麼去喝咖啡？」

「趕快過來啦！我要去喝咖啡，你怎麼不跟我去？我出錢嘛。」

「不是誰出錢的問題啊。我等一下要見客戶，走不開呀。」

「我買了你最愛吃的巧克力，很貴的喔，你不來？」

「我不是跟妳說了……」

「趕快來！要不要來？你敢不來嗎？」

「不行啦！」

「你不來，我就……」然後就吵架了。

喝咖啡這件事並沒什麼對錯。可是，強迫別人順著你的意，那就是自私。

若是遇到這種女朋友，要怎麼應付？不順她的意，她就開始威脅你——晚上就不跟你講話，打電話也不接，跟你鬧彆扭。旁人聽了，都覺得很幼稚。

如果不想跟女朋友吵架，該怎麼做呢？難道對方叫你做什麼就照著做，她就真的會比較開心？並不會，她還是會挑你的毛病。明明你已經照著她的話去做了，你不想吵架，偏偏她還是要跟你吵，怎麼辦？

答案很簡單，把她娶回去就行了。如果她不是你老婆，吵來吵去只是浪費時間，

第2堂課 自私好嗎？

一會兒撞車，一會兒打破玻璃，等一下又要賠錢，一點都不值得。但是，結婚之後再吵就比較有意思。

不相信嗎？你可以仔細想想看。如果現在的老婆是你的女朋友，或是妳的老公是男朋友，直接把那個角色換掉，老婆跟女朋友的身分不同，明明是同樣一件事，會出現的結果完全不一樣。

為什麼要結婚？因為結了婚，你才可以看到一個人真正的品質，跟你心裡真正的感覺——明明是同一個人，當身份不一樣的時候，感覺也完全不一樣。

如果她是你的女朋友，在某種程度上來說，你對她會比較客氣，但從另一個角度來看，你對她比較不屑，也比較不怕她。表面上阿諛奉承，不管是吃東西、去哪裡玩都很照顧她；但是，「女朋友」和「老婆」這兩個角色相較之下，份量是不一樣的。如果女朋友亂發脾氣，你大可以不理她；不過，如果今天換成是你的老婆，你就比較不敢不理不睬。

所以，為什麼當有人說：「喂，你老婆來了！」男人都會風雲變色。如果這句

話換成這樣：「嘿，你女朋友來了。」

「妳來囉？這我剛吃過的，妳吃這個就可以了。」

女朋友發脾氣，感覺上隨便應付一下就行了。但是，如果是老婆發脾氣的話，你再怎麼躲都沒辦法逃避，一定得想辦法應付她。雖然有些時候你的態度不好，或吵到天崩地裂，可是，絕對沒辦法不理她。

話說回來，要是你會那樣對待老婆的話，你們之間的問題已經病入膏肓了。

若她只是你的女朋友，你心裡不高興，可以轉頭就走。生氣就說要分手，等過一兩個禮拜，氣消了，又黏在一起。沒幾天之後又吵架，好幾天不接電話，再過了兩個禮拜又說：「好啦好啦，要怎樣？」然後又一起去喝咖啡。這就是男女朋友在幹的事，磨到兩邊都無聊了，沒意思了，就只好分手了。

結婚，就不需要這樣虛偽，因為生米煮成熟飯了，講出來的話都是真的。男女朋友講話大部分都是假的，講一些奇奇怪怪的三八話，目地只是為了討好對方，或許有些話是出自善意，也有可能是不好意思，或是不敢提出真正的意見。總而言之，這樣的溝通就是不到位。

第2堂課 自私好嗎？

絕大多數的人只喜歡談戀愛，因為可以任意放肆，接受對方的奉承，那種阿諛奉承的交往方式，會讓一個人沒有辦法變得正常。更可怕的是，這些人會誤以為自己被當成「寶」的感覺，只有在談戀愛時才會發生。

一個在愛情世界裡常耍脾氣的人，為什麼敢這樣恣意妄為？因為另一個人會過來奉承討好。耍脾氣的人也很清楚，只要自己用出這一招，對方就會被吃得死死的，然後就會覺得很爽。

不過，這種感情都是假的，不可能會長久。一旦結了婚以後，沒有人會願意對他這樣阿諛奉承，沒抓去撞牆就不錯了。這樣的錯覺，會讓他認為自己在婚前被當寶，婚後被當成垃圾，然後他會一口咬定根本不應該結婚，還是談戀愛就好了。

聽到這麼多只要戀愛、不想結婚的人，你會覺得：奇怪，這世界到底發生了什麼事？開始擔心害怕，怕自己結婚也被抓去撞牆，被當成垃圾。

真正的問題，都是因為「自私」所引發的。你怕別人很自私，也不希望自己被當成自私的人；但是，你一定會發生吵架的事情。

吵架，在人生當中幾乎是在所難免的。那麼，怎樣才能達到「不吵架」的境界？

結婚之後和另一半越吵越兇，就是磨合期的開始。要是磨合正在進行中，而且一切順利，爭吵的情況應該會越來越少，雙方的感情也會越來越好，這是判斷是否度過磨合期的標準。

想要跟另一個人感情好，一定要走過這條路，只要走到這個境界之後，自然就會好了，兩個人不會吵架，只有甜蜜，只有愛。這就像是練功夫，一開始會很痛、很疲憊、很想放棄，練到最後，雖然不是都不會痛，但身輕如燕、收放自如，彷彿一切都很自然。

所謂的「不跟人吵架」，並不是有什麼事都憋著不發作，也不代表都不生氣；而是遇到任何事情都能夠舒服自在，不會很痛苦、很無奈的壓抑著。要讓自己更快速地達到這樣的境界，要先改變自己的心態。

現在咱們來探討，怎樣可以讓自己走過越吵越兇的階段，到達不跟人吵架的境界？現在請你想一想，平常跟人相處的時候，有什麼理由會讓你非得跟對方吵架不可？為什麼你一定要跟人家吵架？

第2堂課 自私好嗎？

理由有千千萬萬種。或許你是為了堅持自己的利益，或是擇善固執，或只是為了要證明對方是錯的……這些都可以是你要和對方吵架的理由。

現在再來討論，自私會造成什麼樣的傷害？

不管這些傷害是什麼，都會造成對方不舒服。

如果你不愛某個人，不管他有多自私，都不會有事。若真的愛上一個人，你為對方付出的程度甚至會超過你自己，這下可就慘了。就是因為你很在乎，一旦對方有了什麼風吹草動就緊張個不得了，要是對方跌倒了，你甚至感覺自己比他還要疼，那種相互影響的程度讓你很難自在。

所以，你要練習怎麼去真正地去「愛」。你得練到當對方受傷、抓狂或是耍脾氣時，都不會因此感到痛苦，還是可以保持理智地去處理你想做的事。

我認識一個男人。在別人眼裡，他是個脾氣很好、彬彬有禮的人。不過，有一次在跳社交舞的時候，有人不小心撞到了他的舞伴，他忽然無法克制自己，怒不可抑地賞了對方一巴掌。他在打了人之後，恍如大夢初醒般，跟對方不停地道歉說：「失禮！失禮！」把周圍的人都給嚇壞了。

當有人傷害到他的另一半時，他會抓狂的程度可能會是你平常從沒見過的。他寧可自己受傷，也不願意見到自己愛的人受傷。同樣地，你也可以捫心自問：如果你很愛某個人，你看到自己所愛的人受傷會比較難受呢，還是自己受傷比較難受？

第2堂課 自私好嗎？

一定是前者會比較難受，要不然，你一定不夠愛他。

但是，這可就矛盾了。你不是認為自己很自私嗎？哪會在乎誰被打，不要打到你就好了。可是，當你真的愛上某個人的時候，你又會說：「打我好了，不要打他。」

吵架也是一樣的道理。你把對方氣到說：「我吃不下。」他氣到吃不下，你看到對方這樣自殘，開始心生愧疚，卻又不知該如何是好。所以，在吵架前要先想清楚，這句話講出去的時候，會造成什麼樣的傷害？

當你說：「我要證明你是錯的。」這句話等於要置對方於死地，殺他個片甲不留，最好能把他打趴，打到再也爬不起來，這樣你就贏了，也證明你是對的。

不過，真的要這樣幹嗎？這樣好嗎？如果要證明對方是錯的，或是要證明你比較厲害，採用的方式就是讓他跌倒、讓他死掉，你才會得到勝利。那麼，你們兩個人的關係到底是情人，還是敵人？你怎麼會把自己所愛的人當成敵人去恥笑他、看不起他、貶低他、評估他，讓他沒面子、沒自尊，想盡辦法讓他丟臉？

當你感覺到衝突要發生之前，可以先分析一下，哪一邊是比較生存的，想清楚

再決定要不要這樣做。當你贏的時候，也讓對方丟盡了面子，兩邊的關係還有辦法繼續下去嗎？就算你都對了，你很開心，但是對方的尊嚴掃地，被評估貶低，變得很沒自信，你喜歡這樣的感情嗎？

女人為什麼不可以跟男人吵架？因為每吵一次，老公就丟一次面子；再吵一次，老公就少一些尊嚴。吵架的時候一定會對罵，能講出什麼好話？

當你說：「你不對！」的時候，意思就是指對方比較笨。

「你這蠢豬，怎麼這樣做啊？簡直是下三濫。」

你罵了對方，他也一定會罵回來。

「你這賤人，以為自己很厲害是嗎？」

對話變成這樣，對感情一點好處都沒有。就算你們吵完了之後，還會有別人來加入戰局，讓戰火無限的擴張。

「你怎麼這樣罵老婆啊？你在幹嘛？」

爸爸媽媽會講話，公公婆婆會講話，朋友也會講話……只要吵架的事傳出去，

第2堂課 自私好嗎？

對夫妻的形象一定不好。

吵架的嘴臉非常可怕、醜陋，這張難看的臉還會延續到日常生活裡。如果和朋友吵一次架，會讓你醜個三天。如果是男女朋友吵架，大概醜三個禮拜。如果是夫妻，嚴重一點甚至可以醜個三年。那張難看的嘴臉，會讓對方心生恐懼。

他一想到你，腦海馬上浮現：「那張臉真是可怕，潑婦罵街！我怎麼會娶到這麼一個恐怖的女人？」想著想著，幾乎都要性無能了。

一旦留給對方不好的形象之後，人家就會找各種機會故意整你。如果對象是老闆，他就會故意扣你薪水；如果是客戶，就故意挑產品的毛病；如果是另一半，就會故意讓你不方便。這些不爽的人會在各種地方動手腳，讓你找不到東西，讓你做事不方便，速度比別人慢，讓你覺得尷尬。

跟人吵架，親和力下降，就更難去了解對方。這層關係被破壞之後，還得去修補回來，才有機會再進一步去了解對方心裡在想什麼。

比方說，今天你挖苦了商場的合作夥伴，把彼此的關係搞砸了，然後明天又要請他吃飯。

「唉呀，別介意啦！你大人不記小人過，我請你喝一杯吧。」

「現在這麼不景氣，我看這筆生意還是算了吧。」

得罪了人，被刁難也很正常的。所以，你只好繼續賠不是，說：「啊，昨天真的不好意思啦，別這樣，我給你更低的折扣吧。」

當初因為自己一時的衝動，講話不經大腦，只顧著跟對方爭對錯，後面要修復關係就只能退而求其次，甚至只好吃虧賠錢了。

當然，並不是為了要做生意才不去得罪對方，而是後面修補的代價可能遠超過想像。挖苦對方一次，要請客三次才修復得回來；罵老婆一句話，要講一個月的甜言蜜語才有機會補救。如果人生這樣搞，要浪費多少時間去修復人際關係？

我們得先搞清楚一件事：「吵架」跟「理論」是不一樣的。理論是跟人講道理或是討回公道，直到雙方有共識，目地是要讓結果變好，只是有時候過程比較激烈，就像革命一樣，看起來像是吵架，但仍然還是在溝通。

這裡所提到的「吵架」，純粹是出於自私、為自我利益而去跟別人鬥爭，是完

第2堂課 自私好嗎？

全不講道理的，或只是為了證明對方是錯的。即便是理論，也一樣會經歷痛苦的磨擦，但仍有機會雨過天晴。吵架就只是為了破壞，最後一定兩敗俱傷。

在講話的時候，要注意自己給對方的感覺舒不舒服。有的人講話口氣很兇，讓人以為是要來吵架。有的人動不動就戲弄對方，把無聊的玩笑當幽默。也有些人老是講一些風涼話，話中帶刺。

要曉得，一個很兇的老公，他的老婆一定也不好惹。一個很愛講風涼話的人，身邊人也會搧風點火。喜歡戲弄別人的人，也會被反咬一口，總有一天會踢到鐵板，而且一山還有一山高。是不是得搞到大家都雞犬不寧、面目全非才甘願呢？

人生就是來修行的。先讓自己的心智變得成熟，有意願和別人經歷磨合期才會成功。這就決定跟另一個人要廝守終生一樣，你必須要有跟對方甘苦與共、肝膽相照的誠意，不管當中的過程有多麼不舒服，還是必須一次又一次地穿越它，直到這些事情不會影響彼此的感情為止。

可是，如果心態只是談談戀愛、不合就分，表示你還不理解什麼是「愛」。戀愛永遠都停留在這一段，因為心態是自私的，只要覺得苗頭不對就溜之大吉，下次再換個對象，然後又遇到一樣的問題，又再躲起來，永無止盡地重複下去。

戀愛或結婚，都會經歷吵架的過程。若永遠都停留在吵架的階段，很會吵架有什麼用？一直更換交往對象，就等於是跟不同的人練習吵架，只會變得面目可憎，像每天都在搏鬥廝殺的鬥雞。鬥習慣了，當然就沒有什麼氣質，吃虧又賠錢，害人又害己。

我們用商場的合作來比喻。那些長期經營的客戶，大家交情很好，不會做出什麼瘋狂的事，所有的動作都按步就班，才能保持良好的信用。至於那種只做一次生意的對象，往往只想撈一票就走，他可以把話講到天花亂墜，展現出來的親密程度就跟談戀愛沒啥兩樣。但是，只要一個談不攏就會開始亂吼亂叫，翻臉也無所謂，他根本不在乎少你一個客戶，這種態度根本就是亂搞，也只是為自己的私利。

所以，做生意時不能偏愛某一個客戶。若你是醫生，不能突然對某個病人表現出高度關心，這是不正常的；你應該對待每個客戶都保持一樣的關心。要是那天你突然對某個客戶很好，什麼福利都給他，那就是「自私」的心態，也失去了「原則」，你的生意就不好做了。

第2堂課 自私好嗎？

現在，請檢視你自己的人生，什麼時候跟人吵過架？當時發生了什麼事情？你跟人家吵架，然後你很自私，堅持自己一定是對的，結果是什麼？

關於「自私」這個主題，你最好早一點有所覺悟。因為一己之私，最後要跟人決裂，或是跟對方道歉，還要做很多事後補償工作，如果受傷害的是自己的老婆、自己的客戶，或是身邊愛你、關心你的人，何必要這樣呢？當初跟人吵架，目地是要幹什麼？

溝通要講道理，但不要跟人家辯，也不要講到一半就抓狂起來。你開一間飯館，當客人跟你說：「這盤炒飯冷掉了。」

「抱歉，服務不夠周到，再幫你處理一次。」你要給對方示意，態度要好。

要是你說：「冷掉了？這是難免的啦。」

「有嗎？我覺得還好啊！剛剛才端出來的哩。」

你這麼回答，客人當然會生氣。所以，講話不要找理由，不要去辯解。如果對方要跟你辯的時候，你也不要跟他辯。他會辯就是為了爭對錯，你只要讓他「對」就行了。

怎樣才是讓他「對」？並不表示他所做的一定都對，而是你要讓他知道：「喔，我了解你喜歡這樣。」你了解他要表達的意思就好，而不需要去跟他爭對錯。

如果你說：「你這樣做……」這樣還是等於告訴他：「你錯了」，結果還是一樣在跟對方爭辯。

如果是你自己不對呢？

「啊，我這樣不對，真對不起。你希望我怎麼改？」

既然你已經知道自己錯了，有什麼問題乾脆直接解決掉，不需要再繞一大圈搞

第2堂課 自私好嗎？

什麼送禮補償的，弄得這麼麻煩。你可以選擇辯解，也可以選擇認錯，然後馬上改；選擇不同，命運也會不一樣。

你選擇辯解，人家會認為你沒有誠意。如果你知錯能改，對方會覺得你做人很實在，覺得你是有良心的人，就算犯了錯，人家反而還會稱讚你，對你另眼相看。

要是你堅持在那個時候爭對錯，就算爭贏了，又可曾計算過後面的損失？又要吃虧，又要被罵，還得繞一圈補償，人家還不見得領情。要是人生一直在繞這麼多的圈子，是不是很勞民傷財呢？你只需要當下轉變自己的想法，轉過來了，後面的命運就會變得很好。

或許，向人低頭的當下似乎很倒楣，可是，真的有比較吃虧嗎？如果你能做到完全不自私，設身處地為對方著想，可以自己先跪下去，對方就會跟你說：「唉呀，你不必道歉啦。我告訴你，我們就這樣子。」人家也會為你想。

一個人要能夠讓人喜歡，並不是要很精明，也不是一直去搏取別人對你的另眼相看。**當你能夠做到讓對方願意替你的利益著想，這樣的人際關係就會很圓融。**

有一次，我去買花生，有一種比較便宜的，一包三百塊。另外有一種比較貴的，一包是三百九。我各拿了一包，跟老闆說：「這樣七百塊喔。」

「啊？」老闆突然愣住了。

我說：「對呀。一包是三百嘛，另外一包是三百九，這樣是六百九，就算七百吧。給你一千塊，找我三百就好。」

價格是六百九，老闆找三百一是應該的。平常很少人會這樣，所以老闆覺得有些不好意思，還特地拿一包小包的送我。他說：「這個口味的妳沒有買，算我請妳。」

這一包反而不花錢，變成用十塊跟人家換一包，是不是？人家反而自動送給你，因為他高興。

做人就是要這樣，為別人想，不跟人計較，對方就會高興，多結一點善緣，也給自己多一些好運。如果你一直斤斤計較，跟人爭對錯，說：「喂，你怎麼不找錢？錢很好賺是不是？」這樣，就跟人結仇了。越是跟別人爭，人家就越跟你爭，你看不到自己退一步的時候，得到的反饋有多麼好；要是每個人都能看到那些觀念的時

第2堂課 自私好嗎？

候，相信命運一定會有所轉變。

自私沒有什麼好或不好。人不為己，天誅地滅，本來就是要為自己爭取權益；但前提是：你不要跟人家吵架，不要一直很在意自己的利益。

一定要了解一件事：對方的利益，就是你的利益。老婆開心了，你也會快樂；客戶高興了，你就有生意做。所以你要能夠一直給予、一直付出，讓身邊的人快樂，就會活得比較開心。不去計較做比較多的工作，老闆就會比較喜歡你，就算紅包沒給的比較多，至少裁員的時候也不會輪到你。

我希望讀者看完這一章之後，回過頭去多想想自己過去的經驗，多舉幾個生活當中真正發生過的實例，看看自己怎麼跟人吵架，自己怎麼會變得臉紅脖子粗？如何不急不徐地溝通，為對方著想，自己也得到利益？了解自己，探索自己，多幾次的反覆思考之後，自然你就更明白人生的道理。

了解這個道理，命運就改變了。想通了以後，從此你的人生就會一帆風順。

第3堂課

趣味人生

人生要活得有趣，一定要能夠不斷地進步、不斷地接受挑戰。

這個章節一開始要討論的主題就是「誠實」。一個人想要進步，跟誠不誠實有絕對關聯。不誠實的人，沒有辦法真正的探討自己人生所發生的問題，也不可能會進步；當然，人生也不可能會有趣。

每個人都知道應該要誠實地面對自己，但實際上，一般人所做到的程度，離真正的誠實還差很遠，每當需要面對自己的問題時，總是會有些彆扭，有些瓶頸。為什麼沒辦法誠實？現在，先請你找出自己「誠實」跟「不誠實」的例子。

誠實的例子：

不誠實的例子：

要你舉出「誠實」跟「不誠實」的例子，就是比比看誰有膽量。

或許，你沒有比別人聰明，但是你比別人有膽量，因為敢把自己的問題講出來，能夠進步的最大差別就在這裡。怕丟臉、不好意思、不能面對，所以不願意把自己的問題挖出來，就是不誠實。到了最後，每個人還是要對自己的不誠實付出代價，所以又何必擔心丟臉呢？

就像有些情侶在一起，明明自己都覺得已經不適合再走下去了，你問他為什麼還不分手？他會說：「我們已經在一起七年了耶！」最後只好選擇結婚。明明都已

經很無趣了，還一頭跳進去，他並沒有誠實面對自己的感覺，這就是不誠實。

如果你並沒有意願要玩某個遊戲，卻又不誠實的假裝在那邊「玩」，最後，當然就會變得很無趣。沒意願，本身就是一個最無趣的事——問你什麼都不要，當然很無聊，怎麼會有趣？

儘管你已經知道做人要誠實，有些表達的技巧還是得要注意才行。下面舉個例子來說明一下。

你發現有個朋友失戀了，整天窩在家裡，什麼事也不做。你想誠實地告訴他這樣下去不是辦法，於是你說：「人生戀愛的機會還很多，躲在家裡不會有機會的。」

有一個細節是你必須了解的。你講這句話的時候，要用很可愛、讓人覺得很舒服的方式在表達，對方可以接受才會有用。

如果你說的是：「你不覺得這樣很浪費時間嗎？」

「你想要休息嗎？進棺材休息最好！」

他本來沒怎樣的，但是你的口氣，會讓他覺得：你這個人怎麼這樣啊？我不能這樣嗎？有沒有搞錯啊？人家馬上跟你翻臉：「我覺得這樣很好啊！我想多休息一下。」

對方能不能接受，重點並不在於你所講的那句話是不是事實，而是在於表達的方式有沒有問題。如果講話的口氣讓對方覺得很不爽，覺得你在故意挑釁，就算你是誠實的，也沒有什麼用。

「你是誰啊？我想怎樣就怎樣，你管得著嗎？」

結果會變成這樣，就算你一片好心，也會踢到鐵板。你必須把他包容在你的空間裡，也要很誠實的告訴他自己真正的感覺。

「我講出來你不要生氣。如果現在你休息，我也休息，大家都休息，公車也休息，捷運站也休息，你覺得這世界會發生什麼事？」

「其實，以前我失戀時也是這樣想，我也很想找個地方躲起來療傷。可是，後來我發現不躲起來休息比較快樂呢！如果你不休息的話，會發現人生更有趣。你覺得呢？」

「我很好奇，你休息的時候是什麼感覺？你會覺得比較快樂，心情沉澱了，會比較舒服呢？還是你覺得休息以後反而更累，很無聊？我想要了解一下，請你告訴

我好嗎？」

如果能夠和顏悅色地這麼說話，對方就比較有機會講出心裡的話。「其實我也不喜歡這樣躲著，只是我覺得很難面對這個事實……」

要是沒聽到這段，就以為他真的要休息，「好吧！那你繼續休息，我下次再找你吧。」

那就完蛋了，下次你找他，他不會再跟你說更多了，因為他對你沒信心，把那些問題隱藏得更深了。

以我的顧問工作來說，常常需要誠實地點出別人的缺點與毛病，但對方不會覺得我在「罵」，就算是罵，也都罵的很有技巧，罵完之後人家很高興，還特地來謝謝我。

但是，今天換另一個人來點出對方的毛病，就算點到的問題都一樣，但他就是聽不進去，甚至還直接翻臉。當中的差別在哪裡？因為他被我罵的時候，他能夠了解我的用意，而且我會讓他覺得很開心。可是，當他被別人罵的時候心裡覺得很幹，像被人找碴，而不是被幫助的感覺。要是不能讓對方覺得舒服，一直在那邊講道理，沒有人會覺得高興。

你必須很誠實地說出你要幹嘛，你有沒有真的很誠實地想要幫助他、服務他、讓對方開心？講話的目的是要讓對方了解，是為了要溝通，並不是要跟你吵架，不管過程再怎麼激烈跟痛苦，要把這件事完成的意志很重要，而且意圖必須非常明白、清楚。

其實，並不是不能吵架，重點在於跟對方講話的時候要就事論事，而不是帶著強烈的個人情緒在「表達」，對方就不知道發生什麼事？或是講著講著就快發飆了，明明心裡很火大又不敢表達出來，一直忍耐壓抑著，自以為「退一步海闊天空」。其實問題並沒有真正的解決，別人也看得出來你在不高興。

誠實的方式是：一定要把話講出來，絕對不要壓在心裡。但在講話的時候，一定要讓對方了解為什麼，把話講出來的目的是為了要讓這件事情被處理、被了解，而不是要讓對方感到難受，或是存心跟他吵架，把事情搞僵。

所以，有時候你會覺得和某個人越來越難溝通，因為每次和對方講話的時候，

並沒有傳達出為對方著想的那份心意。能夠有親和力、具備高度溝通技巧，且又能夠符合對方真實性地講話，是一門非常偉大的藝術。

了解了誠實之後，現在咱們來切入主題：怎樣讓人生更有趣。什麼叫有趣，怎樣又叫無趣？怎樣讓一件你覺得有趣的事情變成無趣，怎樣又讓一件無趣的事情變成有趣？

有一種人，他只對一種事情有趣：賭博。早上眼睛一睜開來，他就是要賭。別人會覺得莫名其妙，對正常人來說，這種行為簡直是無聊；但對他來說，他覺得活著的意義只剩於此。

所以，人生裡什麼東西是有趣的？

你可以決定什麼是有趣的，什麼是值得投注生命去經營的，這也決定了你的人生、你的命運。

如果一個人只對賭博有興趣，這跟整天只想打電動、看漫畫的宅男一樣慘。打電動、看漫畫偶爾哭一哭，笑一笑，只剩下一些生理反應，賭博的人可能連做愛都

第3堂課 趣味人生

提不起勁了，他只想在那邊看著骰子轉啊轉。

從一個人對事物有興趣的程度，就可以知道他是哪種人。「無趣」這件事情很可怕，怎樣會讓有趣的事情變成無趣？舉例子給你看。

你本來很喜歡找某個同學，和他在一起很有趣，可是漸漸的變無趣了。

你小時候很喜歡玩扮家家酒，漸漸變無趣了。

本來和女朋友在一起很有趣，可是漸漸又變無趣了。

再換個角度來看，又有多少原本無趣的事情變得有趣？叫你唸英文，他媽的，哪會有趣？什麼三角函數、幾何公式，哪裡有趣？原本很無聊的，但學著學著，畫了幾條輔助線，解了幾個證明題，突然就變有趣了。

現在請你找出來，什麼東西是你原本覺得有趣的，現在變成無趣了？

什麼東西是你本來覺得無趣的，後來變得有趣了？

當你可以主導某一件事情的時候，就會覺得這件事情很有趣。可是一旦做錯了事情，或是開始放棄、墮落的時候，就會變得越來越沒趣，覺得自己沒有辦法去面對，於是便把這件事情放棄掉了，然後選擇其他的東西發展。只要沒有要解決問題的意願，不管做什麼事，都會重複發生同樣的情況。

以交友來說，本來你身邊朋友一定會有些興趣相投之處。但當你選擇墮落之後，就只能找尋墮落的朋友，要不然就合不來。越來越墮落之後，就只能去混酒店、賭博甚至是吸毒，只能跟這種朋友在一起。

第3堂課 趣味人生

跟這些人在一起，沒有什麼真感情，而且很難受。若想從谷底爬上來，會覺得要跟人家「比賽」了，想要跟他們平起平坐，自己的腳步卻又跟不上——每個人都穿這麼整齊，上班又準時，做事情又快又準，自己卻幹什麼都不行。

在這個過程當中，你是要選擇把墮落當有趣呢？還是把進步當有趣？你的決定，會造就未來生活形態的不同。

無趣的時候，你會選擇看漫畫。看漫畫多少還是挺有趣的，若連漫畫都引不起興趣的時候，就只好回去打電動。把漫畫或電動當成娛樂、欣賞或是學習，並不是一件壞事。不過，若生活中唯一感到有趣的只剩下漫畫或電動，很明顯，這當中一定大有問題——為什麼只有某樣東西才會讓你覺得有趣？

每個人在做的每件事情，都是為了讓自己覺得有趣。就算你的生活很忙碌，你會覺得很苦嗎？

「忙有什麼不好，這樣的日子很有趣啊！」

也就是說，「有趣」或「無趣」完全是個人的定義。

現在，請找出你的人生哪些部分是有趣的，哪些是無趣的。

有趣的部分：

無趣的部分：

第3堂課 趣味人生

為什麼一開始要講到「誠實」？

一般人不曉得的是：**要是你不誠實，不管做任何事都沒辦法變得有趣。**想要讓事情變得有趣的過程當中，有幾個很重要的關鍵。

首先，不可以有不懂的東西，包括任何一個不懂的字，都會扼殺了你的興趣。

要是別人講什麼你都聽不懂，怎麼可能會有趣？你要欣賞漫畫，也要有能力看懂作者在畫什麼吧！你的戀愛要有趣，就必須會察言觀色。要是對方講了一個笑話，你說：「我不懂這有什麼好笑的？」什麼情趣通通都沒了。只要有一個小小的字沒搞懂，就足以把所有的興致抹殺掉。

那麼，為什麼小孩子有不懂的事情，還是覺得很有趣？因為他們的體力充沛，不會被那些搞不懂的東西搞到昏頭轉向，就算有不懂的東西，他馬上可以繼續去做他覺得有興趣的事。所以，我常會強調生活最基本的條件就是「吃飽睡好」，才有足夠的體力與耐力應付生活中排山倒海而來的瑣事，這一點非常重要。

當我打電話給媽媽的時候，第一句話就問她：「媽！昨天有睡飽嗎？」如果她說睡得很好，就知道等一下的談話會很有趣了。如果是回答昨天睡不好，沒睡飽，

那就得要多花點力氣講話了。

再舉一個例子。當你過年回到家裡，媽媽從早到晚對你一直唸經，你就會覺得自己很倒楣，沒事幹嘛要回來受氣？會發生這樣的事情，原因就是你沒有做到「吃飽睡好」，所以擋不住她的攻擊。要是你很難受，怎麼有辦法跟別人玩得起來？

過年大家好不容易聚在一起，應該要圍爐講話才對。可是，為什麼到了最後，大家都是玩牌、玩骰子、看電視？因為沒人想要好好講話，只好大眼瞪小眼，痛苦的要命，沒有樂趣可言，只好用玩遊戲、用錢賭博來刺激一下，把原本應該在一起講話的時間通通消磨掉，等時間到了，屁股拍拍走人，過年聚會的任務就算結束。

不想講話的主要原因，就是因為沒有吃飽睡好，哪有體力談什麼哲學、談今年賺多少、有什麼理想跟打算？談這些內心話很累的，而且大家都覺得太敏感，所以也不是很願意講，最後就是靠打牌、打麻將蒙混過去，反正幹這些事情不需要花太多腦力。最後，這種過年的聚會就變成敷衍了事的例行公事，一年比一年無趣。

這裡要特別強調體力的重要性。溝通需要體力，察言觀色需要體力，連笑都要體力。如果你連笑的體力都沒有，什麼事情都沒有興趣，那乾脆躺在棺材裡面吧！

第3堂課 趣味人生

你要有能力讓自己變得很有趣，也要有能力讓別人變得很有興趣。不管來多少人，你都要有辦法談笑風生、應答如流。要是一副病奄奄的模樣，縮在角落都不講話，人家就會開始攻擊你、排擠你。如果能夠主動講話，主導局勢，只要出招比較快，對方就沒有機會攻擊你。

體力充沛還有很多好處。如果你很有體力，你媽就會認為你很好命，你工作應該不錯，賺的錢也應該不會太少，看你氣色這麼好，生活應該沒什麼大問題。最有趣的是，她會覺得你很愛她——這是一種嚴重的錯覺，非常有趣！要是你體力不好，她就會覺得自己很倒楣，生到這個小孩看起來一副倒楣樣。

關於有趣這件事，還有一項很重要的關鍵要提醒各位：**當你決定做一件事情，就一定要把它完成。**

以工作來說，你設定的目標一定要達成，不然就會從有趣變成無趣。比方說，今天預定要跑三千公尺，跑到一半累了就去做別的事，三千公尺這個目標永遠跑不完，跑步這件事就會變無趣了。

所有應該要做的事情，只要沒做完，最後在人生清單裡面就會多打上一個「無趣」的勾。為什麼人生會變得無趣？不難想像，有太多事情沒做完。一本書看了好幾年都沒看完，跟朋友約了很多次卻沒去，或是跟一個人講話講了一半，你可能覺得不是這樣，想去解釋清楚，但沒有把話講完……最後所有的事都會剪不斷，理還亂，全部糾結在一塊兒。

人生，要怎樣才會有趣？在問這個問題之前，你要先想想：自己有沒有把該做的事情都做完？你要把誠實做為衡量的基礎，把它當成地基，然後每件事做到完、做到好，就像蓋大樓一樣，且一直保持體力。

人生想要有趣，想要開心、想要快樂，就一定要有體力。沒體力就是沒精神，人家說什麼都聽不懂，也不知道自己的夢想是什麼，不曉得生下來要幹什麼；不曉得自己的問題，不知道自己的優缺點，更不曉得怎麼去跟人講話，遇到問題的時候應該怎麼講，頭腦裡面有一堆搞不清楚的東西，然後問問題又隨便亂問，明明你想關心對方，卻又把人搞到生氣——為什麼會這樣？這都是因為你有沒搞清楚的地方。

第3堂課 趣味人生

現在，請你找出自己沒有做完、沒搞清楚的事情。

這些事情很多吧！就是因為這些事情讓人生卡住了，變得不知道怎麼講話，不知道怎麼逗人開心，不懂得怎麼樣去撒嬌……，什麼都不去面對也就算了，還浪費時間去看電視、打麻將，很慘吧！

該運動就要運動，該吃維他命就要吃維他命，該睡覺、該刷牙、該敷臉的事情，沒有一樣能放棄。只要一鬆懈，沒敷臉，皮膚就不好看了，該吃飯卻沒吃，等一下工作就沒力氣了。人生沒那麼多的麻煩，一切從簡，把該做的做到好、做到完就行了。

希望你每天都要想著，如何才能讓自己的人生更有趣，誠實地面對自己，把每一個沒聽懂的字都問清楚，把所有不懂的事情都搞清楚。人生一定要有趣，否則，又何必要活著呢？

有些人會說：「我很能做事，但碰到跟人有關的事，就沒轍了。」

「只要牽扯到人，就會變得很難搞。」

「我對人沒有什麼興趣。」

關於對「人」的這份興趣，要把它當成是一種樂趣，而不是一種苦差事。如果你認為它是一份苦差事，有誰會那麼愚蠢，沒事去增加自己的苦差事？反過來看，如果你把它當成是一件有趣的事情，有趣的事情為何不增加？如果這件事情是有意義的，為什麼不增加？

第3堂課 趣味人生

既然如此，現在可以問問自己：為什麼你不願意增加對人的興趣？一定有什麼理由讓你覺得跟人在一起很痛苦、很麻煩，才不願意去觸碰這個領域。不過，你又為什麼會想要增加呢？一定也有一些理由讓你想要去增加。下面，請你把這些理由找出來。

你為什麼不願意增加對人的興趣？

你為什麼想要增加對人的興趣？

寫下這些理由之後，自己看看，很有趣吧。

有些人是為了想多賺點錢，他也覺得很無奈，一定得要接觸這麼多人。有的人則是希望很舒服地跟別人在一起相處，跟朋友的關係可以長長久久。既然想到要長久，就想到要舒服。基本上，會這樣想的人，還是認為跟「人」相處是一件很痛苦的事。

要在這個社會上生存，一定要跟他人有所往來，不管你有多討厭、多痛恨跟別人相處，再怎麼躲都一定躲不掉，這也是你會覺得痛苦的地方。但是，要有愛情、要有家庭、教育孩子、做生意等等，一定要跟別人接觸，不會講話就只能吃虧，所以一定要學會講話。

現在，再把跟人相處的影響擴張出去。想要擁有更寬廣的人脈資源，想要有身分地位、想要有舒適的生活、想要賺更多的錢、想要有更強的能力，都會跟「人」有關係。換句話說，「人」就是一個最大的問題。

活著最有趣的事情，就是搞定這些跟「人」有關的事。這世界上還有什麼比「人」更有趣的事情？沒有了。如果你真的很不喜歡跟人相處，就需要專業諮詢來協助了；但是，當你知道「人」是最有趣的事情，接下來就會想：跟人在一起要幹什麼？

有些人認為是相處，有些人認為是交談，或是要賺錢。不管理由是什麼，最後真正的重點只有一個：相愛。

和人在一起的目的，也只不過是為了去愛，了解對方。了解之後，跟別人相處就會舒適，不能舒適地面對他人，就是因為不了解。

以養小孩為例，孩子哭得很兇，他不會咬你，不會罵你，他才兩個月大，連話都不會講，你卻嚇的要死，為什麼？因為你不能了解他在哭什麼，就會感到很害怕。

養了小孩，會讓你更了解生命是怎麼一回事。你可以很大方地說你討厭「人」，換一個字眼或許會舒服一點，叫「生命」——人很討厭，為了生存往往互相折磨；那生命呢？總不能討厭生命吧。

搞不好有人會說：「活著幹嘛？自殺算了。」這種人就是討厭生命，認為不應該活著，這樣的心態很不正常。

生命的本質，也不過是為了活下去，基本上就是「生存」。為什麼看到小孩子，每個人都會有想要付出的感覺？因為孩子的活力就是生命力的代表，想要抱一下、摸一下、多跟他講幾句話，就是希望感受到生命的喜悅。

不管跟生命相處的形態是什麼，都沒有辦法擺脫這些關係。當你討厭跟人相處的時候，就會去養狗、養貓，還是可以感受到生命的價值。當然，你也可能去種花或種菜，絲瓜長出來了，仔細觀察哪一條長得最好，這些行為是在幹什麼呢？因為生命會帶來很多的驚喜。

其實，你一定是很喜愛生命的。每個生命都有可能沾染到一些髒東西；把這些讓人討厭的、悲傷的、很難搞的、痛苦的東西拿掉的時候，再一次重新看待它，看到的就是原始的本質，很純淨，很美麗。它像是水裡的一條魚，正在空中飛翔的鳥，在草原上奔馳的馬；這樣去想，對生命的美感就會多恢復了一些。

對於生命，最重要的是「了解」。了解生命、了解人，了解你和這些人發生了什麼事情，就不會感覺這麼痛苦。你要能夠察覺自己的問題，看到自己對人有多少興趣、有什麼感覺，才會想要主動去了解這些東西。當你對生命感到有興趣，生活就會充滿快樂。

第4堂課
自信到位

自信，不是簡單一句話：「我能做得到！」就代表有自信了。在真正的自信後面，必須有很多思考做為支撐。

這裡以考試作為例子。如果講到考試，一般人所認為的自信是：我有把握拿到高分，我可以考上好學校，這就是自信。

如果你認為參加考試是為了進入名校，進入名校就表示以後出了社會比較有出息——那是不一樣的方向。考上名校到底好不好？或許的確很風光，還可以光耀門楣。但你是否考量過，為了考試，必須付出多少的代價？最後又得到了什麼？能保證了未來的幸福嗎？

大部分的人，從來沒有仔細計算過這當中有多少利弊得失，只想到考個好學校很不錯，但為了要參加考試，那些恐懼與難受、犧牲與不得不去做的事情，必須給自己一些藉口不要去玩，要熬夜唸書，要把題目複習到滾瓜爛熟，而且還會一直想著如果沒考上該怎麼辦？光是這些想法，就已經足以把你壓抑成一個很變態的人。

如果考試這麼痛苦，就算考上了又有什麼好高興？你不能工作賺錢，要接受填鴨式的教育，學一些將來永遠不會用到的東西。雖然這並不是絕對的，這裡只是用

第4堂課 自信到位

一個比較極端的比喻，讓你了解做任何事情都要經過計算，你要為這個決定付出多少的代價？

那些痛苦跟不舒服，是不是你能承受的？

你要如何去彌補這些損失？

如果你不願意，怎麼能毫不考慮地就欣然接受？這就是你必須要覺悟的地方。不仔細考慮清楚這些事情，怎麼會有自信？每做一件事情，就等於打了自己兩巴掌，哪來的自信？

現在，請在後面寫下來，對你來說，什麼是自信。

看看你自己所寫下來的定義，你能做得到嗎？現在，隨便提及你在生活裡的五

個區塊，符不符合剛才寫下的定義。

譬如說，考試的時候你有沒有自信？

考上了之後，你能不能很有自信的說：這就是我要的？

讀完大學之後，你是否可以很有自信的說：這四年的青春，絕對沒有浪費？

去找份工作，是否有自信一定可以做得很好？

買了雙鞋，你是否敢說：「這雙鞋就是我要的，再貴我都買！」

隨便找五個領域，不管大事或小事，符不符合自己剛剛所下的定義？

1. ____________________

2. ____________________

3. ____________________

4. ____________________

5. ____________________

第4堂課 自信到位

既然已經了解自信的定義，也知道什麼事情你有自信，什麼事情沒有自信，咱們再來分析一下，怎麼樣可以讓自信到位？怎麼樣可以讓你做的每件事情都很有自信？怎樣贏得自信？怎樣擁有自信？

如果你從小就很會剪紙，每次叫你剪紙都很有自信；那種感覺是怎麼來的？練來的。

但是，像前面舉的例子：考完大學後，不知道要幹什麼，也不曉得有什麼傷害，在這樣被人家亂撞亂打之後，就不會有自信。現在大學畢業了，原本你是讀森林系的，照道理說，你應該很了解森林。如果你讀的是電機系，那些電器出了什麼問題，應該都能夠解決才對。你是舞蹈系的，一定很會跳舞。一般沒有讀過的人就會很羨慕你，他會覺得你應該很厲害。

不過，受到這樣期待之後，有許多人會覺得很尷尬。為什麼表情怪怪的？因為那些應該很熟悉的領域，有很多的問題還沒有釐清，怎麼可能會有自信？拿著一張文憑晃來晃去，真的就比較厲害嗎？你說你學過微積分？那些公式早就已經忘記了，以前解得出來，現在還解得出來嗎？開個根號都開不出來。以前在學校不是有學過嗎？學過了還是不會，當然就不會有自信。

你的自信，在各方面都會接受打擊，不斷不斷地受到挑戰。比方說，有人問你：

「你跟你姊姊不是很好嗎？最近怎樣？」

「沒什麼在聯絡。我們關係不錯，不過那是國中的事。」

那你就對親情沒有自信。

「你跟你媽不是感情很好嗎？」

「結婚以前不錯。現在婆媳問題很嚴重，我跟我媽不太講話。」

自信就不見了。你會一直受挫折，自信一直受到考驗。

所以，你會縫紉衣服，你會打乒乓球，這些事情是有自信的。**你的自信並不是因為你是天才，而是知道自己有多少水準。**

「跟他打，我一定能贏。」

「那個是高手，就算了吧！」

「這個對手有得拼，可能旗鼓相當。」

不一定是贏才代表有自信。你知道這件事能做，你可以做到什麼程度，這才是自信。

自信並不是刀槍不入，「誰來我都能贏！」那種思維是腦袋有問題。自信是你知道你的水準在哪兒，清楚自己的優點跟缺點。你清楚什麼事情你能做，什麼事你不能做，這些統統都瞭若指掌，就是自信。

剛剛舉這些學校畢業的例子，為什麼會沒自信？因為你不知道唸這個系要幹嘛，也不知道以後會不會賺錢，甚至從一開始就不知道為什麼填這個志願，不知道為什麼考上這間學校。

在求學的過程裡，常常有很多的壓抑跟痛苦，也不知道該怎麼辦。明明不太想考大學，卻又不能不去考，考進去之後又不能不撐到畢業，有很多莫名其妙的壓力，便無法讓自己真的有自信。

這些不自信的想法冒出來之後，到社會上就會變成很大的問題。你不知道自己能做什麼工作，不曉得自己可以賺多少錢，這樣的情況下，你也沒有自信以後結婚會不會順利。一個沒自信的人，不可能在婚姻裡找到幸福。

問題是，一般人從沒這樣想過。通常只是想著我有文憑，有公司的經歷，有很不錯的薪水，我是很優秀的社會中堅——或許，你是真的很優秀，但這並不代表你就很有自信，這兩件事是不相干的。

講得比較過份一點，連文憑都可以用買的，國外有很多博士文憑只要花錢就可以買得到，這些人沒有真正的實力，也很難跟別人解釋那張文憑是假的，可是又被別人叫博士，自信要從哪兒來？

有很多時候，你必須自己挖掘這些問題——為什麼你會不自信？因為你並不是真的「會」，但是卻有那個頭銜，其實壓力很大。當信心動搖之後，你會找別的管道發洩壓力，於是便找了一些芝麻綠豆大的事情跟老婆吵架。

老婆說：「你連博士學位都可以騙了，還有什麼東西不是用騙的？你還有什麼事情瞞著我？」

搞不好，那天晚上你就上吊了。可悲的是，你老婆並沒有不愛你，你也沒有不愛她，只是因為在「博士文憑」這件看似不相干的事情上沒有自信，便讓兩邊的關係被摧毀了。

第4堂課 自信到位

你以為不會有影響嗎？隨便來個一兩句話，就可以把你擊垮了。

「怎麼搞的？一個博士連這個都不會？你怎麼不會教小孩這個東西啊？」

有時，孩子童言無忌地說：「我爸這個博士沒什麼屁用啦！他什麼都不會。」

聽到了就很尷尬，也不知道該怎麼辦，因為你真的就是不會。

你有本事把一件事、一個科目或某個領域搞得清清楚楚，就會有自信。要是搞得不清不楚，就不可能會有自信。你在某個方面表現很糟糕，講不出個所以然來，又一直跟別人爭辯，這就出問題了。

如果你很誠實地跟對方說：「這個我不會啊！這也沒什麼奇怪，這個我從小就不想學啊。」這樣，別人就不會認為你在吹牛。

你要能夠看清楚自己會什麼、不會什麼。自信的領域可以細分很多個層面，你都必須能夠清楚到位。如果不到位，不可能有自信。

現在請你寫下來，有什麼東西是你要去搞清楚的；把這些先挖出來之後，你才有機會能找到真正的自信。

一次又一次挖掘之後，就會發現自己的人生裡有很多模糊的區塊。你必須把那些事情通通搞清楚，才會有自信。這也是進步成長的空間。

不過，並不是每件事情你都必須搞得一清二楚。你必須知道什麼是你有興趣的，什麼是你不想知道或沒興趣的。你必須誠實面對自己，搞清楚你有興趣的領域，如此一來自信才會到位，才會真正快樂。

如果有不懂的問題，不需要覺得很生氣或難受，那些負面情緒沒有什麼用處。

第4堂課 自信到位

既然已經知道了沒搞清楚的區塊，只要沒把它處理好，就會是讓你感到自卑、傷痛的黑暗地帶；最可怕的是，這一塊也是將來讓你婚姻破碎、人際關係崩壞的地方，而且他人幾乎無法碰觸。

現在請你找出因為自信尚未到位，於是和別人起了衝突的例子。你跟你爸媽發生哪些不好的事，是從某個領域的不自信來的？你跟同事起了爭執，是從這一塊來的？

那一些你無法解釋、一直被嘲笑的區塊，會變成跟別人吵架的根源，永遠會是你一生的陷阱，哪天踩到了就摔一跤，而且會讓你更沒有自信，感到困惑、難過、畏縮，信心越來越動搖，每一次刺激就增加一次痛楚。因為這樣，所以你更想要隱藏自己，想要假裝撐住、假裝沒事，臉變得越來越臭，也不愛跟人交際。

其實，你一定有很多的優點。但是，你並沒有分清楚哪些是優點，哪些是缺點。比方說，你在自我介紹時，只是一直認為自己講話的內容很不錯，卻沒有發現自己的表情不好看——因為還有很多你察覺不到的領域。當別人看你自我介紹的時候，一定不只聽你講話的內容。他會看你的髮型怎樣？你的臉色如何？你的身材怎樣？你的聲音怎麼會這樣？你講話有沒有口吃？你怎麼會穿成這樣？對方有很多的角度可以觀察，但分數是整體的。

同樣地，你媽媽也是這樣看你。你拿禮物回去孝敬她，對她撒嬌，媽媽卻看著你說：「屁股越來越大了喔？」很奇怪，她不說你送的禮物怎樣，反而是這樣在回應的。你腦袋裡一直在想著你送了什麼東西，可是媽媽卻一直在觀察你的屁股，很不對焦，對吧？

如果你學不會怎麼跟她對焦，她就只會在意你的屁股有沒有變大，至於你送什麼，反而不是重點了。那種不對焦，也會讓你變得很沒自信。

在職場上，常會發生「名不符實」的衝突。人們在意的並不是學歷高不高的問題，而是攻擊在問題出現的地方。沒有人會攻擊你擁有高學歷，也沒有人攻擊你很有內涵，千萬不要搞錯方向。人家會攻擊的，永遠是你沒有自信的那個領域——可能是你不懂得進退，不懂溝通，不會看人臉色等等，包括各式各樣的大小事。

人生就是這麼殘忍。當然，你也不必因為這樣就把高學歷給放棄掉，或是乾脆當個文盲算了。你要知道自己知道什麼，什麼是你不了解的，同時也要有能力去處理別人的攻擊，這就是一種自信。

舉個常見的例子。詐騙集團常會鎖定科學園區的科技新貴下手，因為對他們來說，這些族群很容易上當，有時只要一通色情電話過去，那些宅男工程師就會匯個一百萬進別人的戶頭。你可以看看那些受騙上當的人，甚至還包括了醫師、律師或法官，這些人的學歷都很高，薪水也很優渥，最後還是被騙得團團轉，也算是蔚為奇觀吧？被騙怎麼能有什麼自信？

一個人要懂得怎樣保有自尊，怎麼樣不讓人騙你，不被他人任意侵犯。常常莫名奇妙被侵犯的人一定不會有自信，還沒開戰就舉白旗了。在人生裡，只要有你放棄的地方，就沒有自信。只要有你想做、該做的事，但你不會做或是做不到，就會有問題。

現在，請你找出幾個生活裡面放棄的領域。

只要你不是出於自願而放棄過的事，在人生裡就會造成扣分。每一次你放棄了多少，就等於減低了多少的自信，尤其是那些你想要的事情，最後放棄了，傷害有多麼大？你放棄了原本想要娶的人，情何以堪？每當午夜夢迴，你永遠都不會原諒自己，人生從此過不了這一關。

不過，這跟「放下」的決定是不一樣的。比方說，你心裡明白那個暗戀的人不愛你，你不打算追他了，但心裡也沒有任何的遺憾，這就不算是放棄。如果你覺得追一個人好累，乾脆還是打退堂鼓吧，但每次想到心裡還是充滿掙扎悔恨，這種例子就算是「放棄」。

講到自信的最後，必須要練好「基本功」；沒有基本功，其他通通不必談。

這是屬於「能力」的領域。不管你要做什麼事情，要打球或是要跳舞，去外頭工作或是跟人講話，**要有自信，一定先要擁有基本功**，而且一定要不斷地練習，練了之後一定要能夠練成功。如果練不成，不管花再多功夫都不會有自信。

如果你跳了十年的舞還是跳得很糟糕，當然不會有自信。換句話說，如果你沒有好的基礎，不管怎麼跳都不入流。你學了多久，就要有自信可以到達什麼樣的水準，這並不是指一定要達到世界級的水準，但你會知道自己學習的基本功是正確的，你知道自己是練過的。

以學英文來說，音標發音就是基本功，然後你要知道字怎麼拼，要會看、會講。

至於練得成不成功？至少要練到跟外國人講話，對方能聽得懂；拿到英文的報紙，也看得懂。這樣一直累積經驗，自信就會出來。

自信是累積而來的。為什麼從小到大要學習許多東西？因為一旦學習成功，就會很有自信。很可惜，許多人學到最後，反而變得很沒有自信，因為亂學亂練，越學越灰心，越學越失敗，最後就認定自己學什麼都失敗，就不學了，沒自信了，然後人生就結束了。他甚至會想：我結婚也一定失敗，那乾脆就不必結了。因為他沒有自信，對自己都灰心了。對一個做什麼事都失敗的人，怎麼會有信心談感情？他連交朋友都沒有信心。就算沒有信心，也是不斷累積練出來的。

要是你變成這副德性，我只能說：恭喜你，你練成了。你放棄太多、太久了。

懂得練基本功的人，就好比點石成金，只要事情讓他碰到就會成功。會失敗的人，不管什麼事讓他碰到都會失敗。有很多人一輩子都在學習，雖然學了很多東西，卻沒有一樣是成功的。因為他沒有基本功，不知道怎麼學，或是學了之後卻從來都沒有練習，或沒有一樣是學到底的。遇到這種人，你跟他講話會感覺很空虛、很難受。

第4堂課 自信到位

我舉這些例子是要告訴你：不管做什麼事，一定要下苦工練習，就算你已經五十歲了，從今天開始練都沒有關係。如果你永遠不練，永遠都不會成功。我對「自信」這個主題是非常有感覺的。我用畢生的血肉完成今天所擁有的自信，既然我能做得到，你也一定做得到。

以前的我，也曾經是一個很沒自信的人。但是我就是勤練基本功，不管遇到什麼事情都不會放棄，一直堅持下去。只要堅持下去，就一定會有自信。

當我一開始要開公司的時候，怎麼可能會有自信呢？不可能的。那時，我只是堅持著：「我可以，我願意做，我會努力」，也是對自己的一個承諾，就是願意堅持把公司經營好。每次遭遇到排山倒海而來的困難，一定要這樣想著：「我不會倒，我可以撐下去！」不過，也要有信心一直經營下去。

三年了，有點信心。五年了，就更有自信，十年了，一定會有自信。有了基本功，就一直繼續練，信心也一直累積。

當然，在這過程中一定是很痛苦的。有很多人說：「乾脆關門吧！去賣挫冰還比較賺錢。」

也有人說：「那個人很恐怖，沒救了，讓他自生自滅吧。」

「那個人是酒鬼，不要理他了吧。」

「既然他要離婚，就讓他離吧。」

要放棄嗎？每次都想著要不要放棄，幾乎每天都要接受這種考驗。只要能堅持下來，就會有自信。「不要放棄」，把這四個字當成座右銘。

「那個員工一整年都沒有成績，還要繼續訓練嗎？」

「練啊！再練。」

要有自信，就要把自己的弱點補起來，把每一個問題都搞清楚。每次跟人講話，都要跟對方講到清清楚楚，要他明白發生什麼事。

人生貴在理解。每個來找我諮詢的人，我都會很有耐心地告訴他婚姻是什麼？怎樣可以增進感情？怎麼樣可以讓工作更好？怎麼樣做一個好老婆？怎樣去養小孩？我會一直講，講到完全清楚為止，自信就會出來。

至於要練多久才會有自信？絕對不是一兩天、一兩個禮拜的事，若真的有心要練，就不能投機取巧。你學太極拳兩個禮拜就想跟師父挑戰？師父有幾十年的功力，你才學兩個月就想打敗他？根本就是癡人說夢，他甚至都不必出力，你就被幹掉了。

你要實實在在地練過，要曬過太陽、要淋過雨，要走過那些佈滿荊棘的路，要累積過那些經驗，一步一步把那些不了解的區塊弄到清清楚楚。你要釐清自己的思緒，不能亂七八糟。要是搞不清楚回家要跟媽媽講什麼話，一定會被機關槍掃成蜂窩。你得很清楚自己要跟對方表達什麼——對就對，錯就錯，不能隨便占人家便宜，什麼都得老老實實、按部就班地來，這就是自信。

再來，就是你得很清楚自己的人生要什麼。你不能隨隨便便背叛自己，如果你不為自己站台，全世界也不會有任何人為你站台。世界上真正的朋友只有一個，叫做「自己」，你一定要學會做自己的朋友。

我從小就是一個很自卑的人。我甚至曾經想過，像我智商這麼低的人，到美國前十年只要把英文學會就足夠了，因為我的學習速度很慢，不管做什麼都需要做比人家多次。如果我彈鋼琴彈得比你好，那是因為你只彈三次，我卻彈了三百次，而不是因為我比你厲害。

但是，的確有很多人只需要彈三十次，以我的能力一定會輸給他。那該怎麼辦？我只好彈三千次才能表現比他好。這實在是很不公平，但若不這麼做，要怎樣才能比人家厲害？我就這樣一直勉勵自己，才走一條路出來。

或許，你的自信不一定能夠馬上到位，至少在觀念上可以到位，然後再從生活裡面不斷去練。不必急，一步一步來，達成一項算一項；日積月累，總有一天一定可以成功。

第5堂課
改善人際關係

我們先來定義一下，想要改善與他人之間的「關係」——這個「關係」所指的，是人與人相處的品質、在一起的舒適度以及互動的意願。

舉例來說，你想要跟老婆好好相處，希望用對方比較能夠接受的方式去講道理。如果只是單純地講道理，兩邊卻完全沒有互動，最後會發生什麼事？

如果你跟老婆感情很好的時候，什麼事都可以講道理。逛街之前先講道理，吃飯時可以講道理，甚至邊做愛邊講道理都行。但是，關係不夠好的時候，你還是無時無刻都去跟她講道理，每天說教，是不是會有問題？

講道理之前，要先思考一件事：將這個道理講出來之後，你跟對方的關係會不會變得比較好？既然關係要變好，就一定要有所互動，要讓對方有機會講出他想說的話。否則，道理是講完了，關係也搞壞了，又有什麼用呢？

如果想把彼此的關係搞砸，很簡單，直接指著對方的鼻子劈頭罵下去就行了。不過，既然想要改善跟另一個人的關係，你講的內容幽不幽默？有沒有深度？在講道理給對方聽的時候，你是不是希望講出來的話能夠讓他接受？這樣講有沒有幫助到他呢？講出來之後，你們的關係會更好嗎？

第5堂課 改善人際關係

「做人本來就要講道理啊！這就是我的方法啊！」

堅持講道理，把每一條道理都講到底，講清楚，講明白。講道理的目地是要改善彼此之間關係，那就得先想想，這些話在講出口之後，究竟能改善什麼？如果對方聽不進去，就不會出現「改善」這兩個字。

如果你和別人的關係不好，就沒辦法賺錢，沒辦法和別人溝通，不能交到好朋友，不能跟父母和睦相處，也不能夠擁有真正的愛情。

當你在跟對方講道理之前，有一件更重要的事：**讓一個人做他自己。**

什麼是「讓一個人做他自己」？

為什麼要「讓一個人做他自己」？

如果某個人表現出來的態度是個混蛋，你沒有辦法忍受他那麼不禮貌，還要讓他這樣放肆地做自己嗎？

什麼時候才需要讓一個人做他自己？當然是你覺得很不舒服的時候。如果一個人很有禮貌，進退得體，自然不需要你去容忍。

以前我們有一個學員，喜歡在上課的時候挖鼻孔，還會拔鼻毛、扯鬍鬚，再拿衛生紙掏耳朵，然後再去摸上課用的工具，旁邊的同學看了差點吐出來，幾乎沒辦法專心上課。但這位老兄還沒結束，毛拔一拔又開始把腳翹在椅子上，若無旁人地搓著腳皮。那你該把他怎麼辦？趕出教室？還是直接罵他？

我跟他說：「你那些動作，應該是在廁所裏面做的，不是在教室這麼多的同學面前做的。」

只要很有耐性、心平氣和地告訴他，他就會慢慢改。但是，在他還沒有完全改過來之前，還是會很不禮貌。不過那又怎樣呢？你媽忍耐了你的壞習慣這麼多年，你也只不過忍耐他幾分鐘，又算得了什麼？他喜歡挖鼻孔，你就看他怎樣挖啊，有人這樣挖，有人那樣挖，每個人挖的方式都不一樣。

你可以問他說：「你現在如果不挖鼻孔，會怎樣？」「你是習慣挖呢？還是鼻孔很癢？你現在非挖不可嗎？還是你不知道你正在挖？」

問這些問題的目地，是為了要了解對方，而不是故意要讓他感到很難受。但是，

第5堂課 改善人際關係

如果問話的方式不對，你的火氣會很大，開始想要板起臉孔教訓他。你有沒有想要「了解」跟「幫助」對方的心？這是我們所講的重點。

其實，大部分的人也都知道「讓一個人做他自己」是一種美德，但還是選擇去批評，因為抑制不了想要批評的心。

那麼，到底是你不能抑制批評呢？還是他不能抑制挖鼻孔？

有趣的是，這位愛挖鼻孔的同學非常厲害。他上課的時候捻著鬍鬚，整堂課都唸得很開心，很有收穫。問題是，坐在他對面的那位同學連一個字都讀不下去。於是，那位受影響的同學就提出了抗議，希望不要讓他進教室，提議叫他滾蛋。

後來，連教室的輔導員也受不了，跑來跟我說：「我請他把痣上的毛剪掉，他就是不剪。跟他講過很多次，要他拔掉剃掉，可是他偏偏都不要。」

然而，挖鼻孔的人讀得很開心，他上課沒什麼問題；你卻被他影響，火冒三丈，書讀不下去了，什麼事都不能做。所以問題在你自己，而不是他啊！

有一次，挖鼻孔的同學來上我的課，這堂課必須找一個練習的夥伴，但那時候他還是天天挖鼻孔、扯痣上的毛。

我跟他說：「你痣上那幾根毛很難看，你很喜歡嗎？」

他也覺得怪怪的。我說：「你那幾根毛可以拔掉吧？」

「對喔！」

於是，他決定當場就把這些毛通通拔掉，也再也沒有摸過了。當他把這搓毛處理掉之後，整個人看起來就好看多了。後來，他一直在進步，大家也覺得非常神奇。

「咦？他怎麼看起來越來越帥？」

因為以前不管怎麼看，都不可能會覺得他帥。後來，大家每次來上課，都在觀察他會不會繼續拔毛。

「奇怪，怎麼連毛都沒有了？」

因為他把話聽進去了，也下定決心改變了。很明顯，能去面對跟不能面對的結果就差很多。在許多時候，你用批評的方式去告訴那個人，對方一定聽不進去，也不可能會改變。

有一對我作媒的夫妻，最近發生一件很奇怪的事情——老公一直抱怨他老婆會咬指甲。

我認識他老婆有六年了，我跟她在一起相處時間很長，跟她一起吃飯、看電影，甚至她也常來住我家，但我卻從沒有看過她出現咬指甲的動作。為什麼他們在一起才兩個月，老公就抱怨得這麼嚴重？如果只講一、兩次，應該只是偶發事件，但抱怨了三次以上，表示這事情已經很嚴重了。

我一直在思考，為什麼我從沒有看過她咬指甲？難道是我自己的觀察有問題嗎？

於是，我就問她另外幾個朋友：「你看過她咬指甲嗎？」得到的答案都是沒有。奇怪？竟然沒有人看過，為什麼她老公偏偏就看到那麼多次？

對你來說，可能這樣的事情沒什麼，但對我來說很有趣。為什麼你都會那麼剛好看到你所討厭的事情？為什麼我們相處那麼久卻從沒看過？

什麼事情會發生在什麼人身上，還挺有趣的。我常常要求我的職員寫報告，因為誰跟誰在一起工作，然後就會發生一些很奇怪的事。有些人不管跟誰在一起都不會出事，也有些人隨便任何一個人在一起，就會聽到某人受不了的消息。

那就奇怪了。我們所有人跟這位老婆在一起時，怎麼沒見過這樣的事情？為什麼老公跟她在一起時就會咬指甲？他跑過來說老婆會咬指甲，我覺得很不可思議，因為我從沒見過啊！既然我沒見過，而他卻要一直抱怨這件事，難道要逼著我同意嗎？我一直在研究這件事情可以用什麼辦法解決。

如果你缺乏興趣，就會一直吹毛求疵，而且沒有興趣了解對方，根本不會讓別人去做他自己，不會傾聽對方說什麼，也不想表達自己的想法，剩下的只有評估、貶低跟抱怨，很瘋狂吧？就只會說：「他哪裡不對，他哪裡不對……」所以，有時候某些人的負面問題，我並不會太在意，就是因為這個原因。

很多學員告訴我說，來我這兒上課之後，才知道自己是如何地缺乏禮貌，令人不舒服，以前很少記得自己曾叫過別人傻子之類的，不太在意別人的感覺。如果不了解這個問題，要談什麼道理其實不太重要，因為**溝通裡最重要的，是完成訊息的雙向傳達。**

比方說，當你決定結婚之前，必須去跟爸媽溝通。有些新人只在意自己想說的，而不去聽爸媽說了什麼，也沒有去對爸媽所說的話示意。跟他們吵架之後，根本不知道自己講錯了什麼，兩邊雞同鴨講，態度都很強硬，完全不讓步。一直要到婚後兩三年才了解，彼此之間的溝通發生什麼事？怎麼會變成這個樣子？當事人自己常常都一頭霧水。

其實，幾乎每個人和爸媽的衝突都是一樣。曾有學員問我說：「為什麼他們的台詞都一樣？」因為每個人在溝通裡所犯的錯誤都是「殊途同歸」，都用一樣的方式去堵對方的嘴，不讓對方講話。

你只講你想要講的，不在乎人家的意圖，沒有尊重他的立場，然後一直評估、貶低，這並不是真正的溝通，因為溝通應該是雙向的。

每個會跟爸媽吵架的人，會攻擊的模式幾乎都差不多，所以爸媽會回應的台詞跟結果都很類似。這就像拿鐵釘去敲桌子，戳出來的洞一定是一樣的。如果你拿刀片去削，不管刀片是哪個牌子，一定都會留下刀痕。

為什麼同樣的問題，換我來講就會很俐落？因為他問我的問題，我已經想過了三千次，我在回答的時候，能夠表現的精采程度當然就跟一般人不一樣。或許有時候會回答得很好，有時候回答得不是那麼好，但下次再回答的時候，一定會比上次

更精采——因為我進步了。

只要認真練，每天都會進步。如果沒有進步，二十年來對待爸爸媽媽的方法都一樣，兩邊的問題會有解嗎？要是你進步了，你爸的態度就會改變；如果他進步了，你也一樣會改變。

為什麼人一定要進步？不進步，對待別人、對待父母的方式，都是一樣的爛把戲。請仔細想想，你是怎麼跟自己爸媽講話的？如果說話的方式都用「堵」的，對方一定也是講評估、貶低的話堵回來。

老婆說話嗆你，你會怎麼回應？直接給她一巴掌。如果老婆對你撒嬌，你又會怎麼反應？至少不會用堵回去這招，是吧？

如果今天是你很喜歡挖鼻孔，現場有六個人，就會有六種不一樣的方式對待你挖鼻孔這件事，後續的結果也不一樣，是吧？

你會講話堵別人，是因為自己不能控制，因為如此，我們才要提到如何能夠「讓一個人做他自己」啊！當你不能控制，另一個人也不能控制，戰爭就開始了。

當你說話堵人的時候，常會找很多辯解的理由。要是對方聽不懂，他就會說：

「你在說什麼瘋話？」

如果換成是我，我就會說：「這不是真心話。你可以把你想說的話告訴我。」

有沒有差？接下來的結果就不一樣了。

如果你跟爸爸說：「好，我知道，都是我的錯。」

爸爸說：「知道還不改？」

或是：「不用再說了，你不會改啦！」

「你每次都只出那張嘴。」

當你爸這麼說的時候，下一招你會怎麼出？你會講出口的，多半也不是什麼好話。

若你跟我說：「我會改。」

我跟你回應說：「謝謝你告訴我，我相信你會改。」

結果呢？或許你就真的改了。

我跟你爸一樣都是人。你說的也是同樣的一句話，但我可以真的了解你，回應你，結果就會很不一樣，這就是雙向溝通的偉大。

你再想想，平常你用哪一招對付人家？人家都還沒堵你，你就先堵人家，對方會怎樣？當然就會堵回來嘛！而且你應該先道歉，因為是你先堵對方的。然而，你不先道歉也就算了，更糟糕的是竟然還說：「你他媽的幹嘛堵我？講話一定要這麼毒嗎？」

最近，有一位職員說，他反省了自己不好的地方，得到很大的教訓，覺得無言以對，很不好意思。

我跟他說：「你終於明白了，真是太好了！請繼續加油，很謝謝你的努力。」

「太棒了，歡迎你回來，你終於知道什麼是團隊需要的。」

這樣是不是感覺很好？你的回應，必須要站在對方的立場設想。

我曾幫一對作媒的新人鬧洞房。新娘本來在鬧彆扭，但後來她非常感動，因為我們知道她在想什麼。我們跟她足足講了一個鐘頭：「哇！太好了，妳終於是個女人，妳好性感！」

要是有人跟她說：「妳這傢伙，不想結婚就不要結啊！擺什麼臭臉，把氣氛搞成這麼僵，要幹嘛？」

你想，她聽了會怎樣？

假設現在遇到一種情況。你看到你的好朋友快要外遇了，或是他要去搞一夜情，你有很多種方法可以跟他說話。你可以跟他說：「你完蛋了，明天你就身敗名裂，上社會新聞頭條，想跑都跑不掉了。」

你也可以跟他說：「這樣子真的很糟糕！你怎麼會做出這種事情？你老婆會怎麼看？你怎麼面對江東父老？」

或是說：「千萬不要去，絕對不可以！你今天晚上跟我住在一起，絕對不要去。」

我幫你解讀一下會發生什麼事。當你這麼說的時候，也許你的意圖沒有明顯表現出來，但實際的意思就是：「如果你再這樣下去，我就跟你斷絕關係。」也就是說：「像你這種人，只要做了這件事以後，我就不會是你的朋友。」

如果你真的想要讓對方把話聽進去，**你要想的，不是你的立場是什麼，而是對方想要的是什麼，他需要的是什麼。**不管你是不是要教訓一個人，在講這句話之前

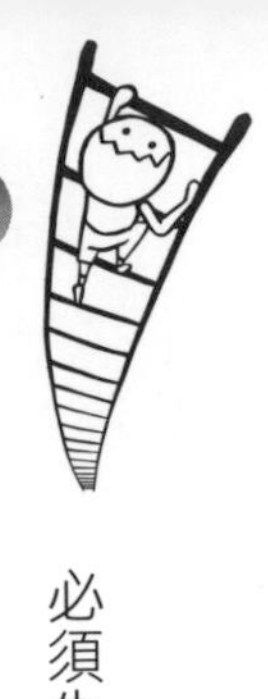

必須先想過：說這句話的出發點，是為了自己爽呢？還是為了對方好？

這句話說出去，他的立場會有什麼改變？

他會不會開始想，我的出發點是為了要幫他的？

你講這句話，對那個人來說，他是否會願意繼續跟你談下去？

你不必一直想著要講什麼。講什麼並不重要，可是你的意圖很重要。你在評估貶低對方時，有讓對方做他自己嗎？有沒有試圖去了解他在想什麼呢？每次你在罵老婆的時候，發生什麼事？你指責她的時候，有在雙向溝通嗎？你不斷地評估、貶低老婆，結婚愈久，罵得愈兇。一定要這樣嗎？

我有個學員，他總是認為自己很有道理，每次碰到老婆就開始講道理。有沒有道理是一回事，也許他的意圖也是好的，可是他講話的方式讓人極度不舒服；他希望老婆可以有所領悟，希望老婆不要恍神，希望她趕快進步、多講一些話或是趕快撒嬌，多點女人味，表現正常一點……諸如此類的。

當老婆擺臭臉時，他就說：「妳不覺得妳的臉很臭嗎？」

第5堂課 改善人際關係

「妳這樣擺臭臉，對事情有幫助嗎？」

「妳看，妳就是只會哭！妳除了會哭還會什麼？」

你是否發現到，不管說話的對象是男人或女人、親人或朋友、上司或部屬，是不是常常講話把對方堵到死？

以我做顧問的人來說，常會遇到夫妻吵架的情況，像這種情形該怎麼處理呢？其實很簡單，只要把雙方的意圖告訴對方就行了。如果他們真的是希望對方好，兩個人的眼淚馬上流下來，然後對彼此說：「很抱歉，我會改進。」

人與人相處，何必要搞成這樣呢？因為一般人不愛說好聽的話。

所以，我有很多職員吵架時會說：「我不要跟你講了，我要去跟總裁講。」問題出在哪裡？因為他們並沒有做到雙向溝通。

「讓一個人做他自己」就是「抑制不必要的批評」，如果是必要的批評，就不須要刻意去抑制。

但是，你會說：「就是壓不住啊！」那該怎麼辦？

很簡單，叫一個人開始挖鼻孔給你看；當你感覺不舒服，就要壓住不舒服的情緒，不斷地練習，直到不會有不舒服的反應出現為止。然後，你就可以開始去跟對方溝通，去了解對方，做到雙向溝通。

不管面對的人是爸媽還是你的另一半，都要能夠做到這樣的水準。你講出來的話是在溝通呢，還是在發洩情緒？只要能夠好好跟對方講，他講話也會很有條理，很有感情。

但是，只要受不了被人刺激，就會開始亂講話，愈講愈奇怪，因為太緊張就會語無倫次。你還是要慢慢講，不管對方說什麼都要仔細聆聽，聽完以後記得對他所說的話給予示意，然後再講你想要講的。要是還沒先示意對方，就急著講自己想講的話，一定會講不好。一旦話沒講好，對方就會用話把你堵回去，你受不了，又火大了——遊戲已經結束了，Game Over。

總結一下，這堂課要講的重點是「讓一個人做他自己」，還有學會「禮貌」。學會這兩個東西，人生就改變了；學不會的人就是水準不高，沒辦法很優秀。人家看你一副很不禮貌的樣子也就算了，你還「自我感覺頂尖」，以為自己很有水準，卻老是不討人喜歡，只能一直很困惑、很挫折地反省：「我到底錯在哪裡？」

你必須要看到問題，才有辦法改。至於該怎麼去看呢？就是要從生活中舉例——看看你怎麼對待你的下屬，看看你怎麼對待另一半，怎麼對待自己的家人，就會明白了。

當你想要改正別人的問題，想要去講道理，卻發現對方總是聽不進去，為什麼？因為你講話聽起來像打電報一樣。

文辭的表達，很精密，就像電影畫面的剪接一樣。哪一個台詞該放前面、哪一個放後面都要經過精準的計算，要是把它顛倒過來，感覺絕對會差很多。如果體會不到當中的差異，講出來的話就算再有道理，也一定不會好聽。

你可以注意一部好看的電影，美就美在先講這句話，再接那句話，這些對白出現的順序是有道理的。但是，當剪接的次序不對的時候，觀眾看了就會頭昏腦脹，覺得不合理。

「咦？這個人怎麼忽然出現在這裡？」

「咦？劇情怎麼跳到這裡？」

「剛剛那個人到底怎麼樣了？」

觀眾看不懂導演要表達的是什麼。如果你講話也是這樣，就會讓別人也有這種感覺。剪接多麼不簡單，裡面用的材料一模一樣，但厲害的導演剪出來的作品就是不一樣。

講話也是一樣的道理。你要懂得怎麼講話，要懂怎麼去排列組合。在排列組合之前，你要知道自己真正想要表達的是什麼，要合情合理，要有邏輯，這是很深很深的藝術。

在日常生活跟別人講話時要一直去研究，不要以為憑感覺隨便亂講就是溝通。所有的話在說出口之前，要經過大腦排列組合，仔細思考要表達的意思是什麼，把話講出來之後，對方聽懂的程度到哪裡，這樣講出去的效果會怎樣，換另一種講法的效果又是如何？必須不斷地練習，累積經驗。學會了怎樣去講話，才能夠改善與他人之間的關係。

第6堂課
激發創意

激發創意要做的事其實很簡單，只有三個字：用腦袋。

比方說，在自我介紹的時候，必須要讓對方很有印象，很有感覺。那種感覺會給人一種能量，像發動摩托車一樣，如果引擎力道減弱了，一定要催油門。

「你好……我……我要自我介紹。我，我的名字叫……」

很明顯，油不夠嘛。摩托車沒催油，只能停在那邊跑不動，而且還在耗油。所以，你必須把油門用力催下去。

有很多時候，你可以看到一些騎車的人，有時沒事就把腳架撐起來，享受那種猛催油門的感覺。那種感覺到底有什麼好享受？有些人光是聽到引擎嘶吼的聲音都覺得爽。那麼，為什麼會爽？很拉風，讓旁人羨慕？聲音大表示車子性能很好？

真正喜歡摩托車的人，就算旁邊沒有人在看，仍很享受催油門的感覺——一轉下去的時候，摩托車會回應你，可以感受到車子的活力，那種力道讓人開心，也是一種溝通。

你要騎這台車，就要跟這台車有所溝通。若是溝通不夠就比較容易摔車，或是車子常常冒出一些奇怪的問題，不在自己的控制範圍之內。

第6堂課 激發創意

車子會跑必須要有力道，**有了力道，就有美。**

任何一樣東西只要有了力道，就會有美感。隨便舉個例子：奧運、NBA、演唱會、武術、舞蹈等等，這麼多人花錢買票去看，看的是什麼？就是力與美。因為他擺出來的姿勢是經過千錘百鍊的，當然是一種美。如果姿勢錯誤就不可能漂亮，也沒有辦法正確出力。

再以車展為例，一台汽車有什麼好看？說真的，旁邊站著的模特兒還比較迷人呢。但真正懂車的人，除了造形與裝備之外，也一定會注意這台車可以跑多快。他會看車子的馬力跟扭力、汽缸、引擎等等，真正玩車的人對這些都很有興趣。

引擎有什麼好看？又不是看女人，為什麼男人光看個引擎就可以看這麼久？因為這關係著車子有多少力道，可以跑多快。這就是這台車生命的品質，也是它的價值。

所有的美，都跟力道有關。那麼，美女有什麼力道？美女有漂亮的曲線，標緻的質感，那種氣質、吸引力就是一種力道。你甚至不需要實際觸碰到她，光靠想像就覺得摸起來很舒服。這跟聽到摩托車的興奮感是一樣的，興奮就是一種衝動、一

種力道，讓你想要得到它，你會想要動起來。

不管在什麼時候，生活裡就是要有這種感覺，那就是人生最大的美。一台摩拖車的油門催下去，應該很有衝勁才對。如果催油門催下去之後，「啵啵啵啵……」引擎快掛掉的感覺，有人會想要騎這樣的車嗎？

所以，當你在跟別人對談的時候，油門一定要催下去。看你怎麼催，對方有什麼反應，你就知道催下去的力道對不對。如果你表現出來像是聽到摩托車引擎高轉速的聲音，「喔，這台馬力很強！」別人對你的興趣就會比較高。你是50CC還是1000CC？你是TOYOTA還是BMW？催下去看看是什麼聲音，就知道是什麼級數。

在跳舞的時候，老師都會形容，把對方的手一抓起來，就知道是什麼等級的。你把他牽過來，真正有實力的舞者，你會感覺到他像不倒翁一樣，而且每個動作都很明確、很有力量。要是你沒練過，就像一坨麵團一樣。

人與人之間都是在比較這種功力，不管是打球、跳舞、比武、講話都一樣，對方看的就是你是那種級數的。

所以，在自我介紹時，你會讓人家知道你是什麼等級的。自我介紹只是認識一個人的開始。平常在跟人講話的時候，也要讓人感覺到你的力道十足，那就是你能夠展現出來的力與美，也就是吸引力。

「小姐……您好……」（啵啵啵啵……人家以為你引擎壞掉了。）然後，「你有吃飯嗎？我……我可以跟你講話嗎？」講話變得小心翼翼，好像很害怕會打破碗一樣。人家會覺得奇怪，怎麼沒什麼力道？

「請你喝一杯，你要喝什麼？」

如果她很討厭你，她會問：「為什麼要讓你請？你請我喝一杯要幹什麼？」為什麼要請人喝一杯？因為喝一杯就可以拖時間。只要你講得夠精彩，兩個人聊得來，這一杯可以喝兩個小時。如果小姐願意接受，就表示她願意花兩個小時陪你，這可不得了啊！兩小時夠長了。要是你不會講話，啵啵啵啵……熄火了，沒得聊了，那請喝咖啡就等於是浪費錢。

平常在舞廳或在Pub裡，當你看上一個不錯的女孩子，就是要請她喝一杯。

所以，男孩子為什麼要帶錢去？多買幾杯，時間可以拖久一點，就是為了要接近對方，用時間換取空間；但你要能夠成功，靠的就是有足夠的力道，要能夠讓話局很精彩才有機會成功。

在生活裡面，這個力道帶來的就是開心。你想要快樂，要舒服，要讓人家喜歡你，具備吸引別人的魅力是一個非常重要的能力。

你一定要培養出這樣的能力，否則別人一見到你，心想：「喔？車會熄火喔？算了，走路還比較快。」如果你表現出來的樣子很迷人，就像一台非常棒的摩托車，是不是去路口買個東西都想騎一下？沒事都想出去兜個風。

不管是男人或女人都一樣，要有這樣的魅力，這就是我們講到的力與美，每一次都要夠力，每一次都要美麗。你要激發創意，就是要用力創造美感，至於怎麼創造，由你自己去發明，沒有一個人可以告訴你應該要怎樣或不能怎樣，完全看你怎麼去運用，這就是你個人的特色。

跟美感有關的事物，必須不斷地練習，越練習才會越有力，越有力就會越美，

第6堂課 激發創意

這是一直累積上去，相輔相成的。每個動作從開始到結束是一個循環，你要在生活裡去探討每一件你做的事情，究竟放了多少力？展現了多少美？

生活裡面每天都有很多重複的事情。如果沒有注入任何的創意跟改變，就會變成無聊的事情。如果每天都抱著執行例行公事的態度，最後就會變得死氣沉沉，你自己都提不起勁，別人也懶得看你一眼。

假設，有一個女孩子都不打扮，三百六十五天都綁馬尾，每天都是那條橡皮筋，除非斷掉才會換一條。你說她有沒有在整理？有，但是她沒有創意，就沒有辦法創造力與美。她練習的是什麼？沒有，就只是把整理頭髮當成例行公事，變成是一種勞動工作，把它綁一綁然後就出去見人，千篇一律。不管這個馬尾的造型再美再可愛，看久的人一定會感到厭煩嘛！

現在我要你想想看，在生活裡面的哪個部分，你是沒有創意的？你每天都在做，可是並沒有創意可言。請把這些事情列出來。

在列出這些事情的過程就會發現，生活裡面有一些死角，每天都一成不變。那麼，你就會想：我的人生要怎樣才多采多姿？我要有變化，我要活得精彩，要有創意，我要賺很多錢，要去全世界旅行……反正，有很多的夢想。

但是，你每天都過得跟機器人一樣，怎麼會精彩？如果你不願意去練習，讓自己更有活力、更有能量、變得更美，永遠不可能有吸引力，也不可能有創意，人生怎麼可能會很精采？你永遠就只是綁個馬尾，三百六十五天都是一樣，早餐吃一樣，中餐也吃一樣，晚餐稍微換一下，也吃的差不多，下了班回家，做的事情就那幾樣，每個週末的行程也都一樣……如果人生有百分之八十的行程都差不多，那剩下的部分實在乏善可陳。你本來就沒有想要改變了，十年後怎麼會變呢？又要怎麼精采？

現在，我們從相反的角度來探討一下，在你的生活裡面有哪些部分是有創意的？你覺得每次都有所不同的？或是你感覺很有力道、具有美感，或是有經過練習，有不斷改進的？

第6堂課 激發創意

現在你自己可以結算一下成績。有創意跟沒創意的部分加總起來是百分之百，各佔了多少的比例？是一比九十九？三十比七十？五十比五十？

如果是嬰兒，每次都是換尿布、睡覺、喝奶，有創意的比例當然比較少。但嬰兒不斷成長之後，從不會走路變成會走路，甚至變成會跑會跳，簡直是不得了的改變。創意比例一定要一直拉高，人生才會精彩，要是沒辦法拉高就慘了，表示生活只有一點點的變化，其他的部分一點都不好玩，也透露出你是一個非常無聊的人。

每個禮拜去同一家餐館，一定點一樣的牛排，一定是五分熟，要不然就去公園逛逛，要不然就去同一家電影院看電影，或是買一樣的食物，生活裡幾乎所有的事物都是一樣的。如果你是這樣過日子的話，也要找一個能夠耐得住無聊的人一起生活才行。

為什麼有些時候，有些人在婚姻會發生一些奇怪的意外？因為日子過得太無聊了，想來一點新鮮的刺激，就出問題了嘛。沒有創意的人，日子當然很無聊，跟你在一起的人也要忍受這樣的無趣。

單身的人，都想要尋找一些帥哥或美女當朋友。問題是，帥哥美女不想跟無聊的人在一起啊！像那些美女穿衣服都很講究的，你打個蝴蝶結卻像鹹菜餔，穿很邋遢的衣服坐在她旁邊，看起來一點都不搭調。

所以，為什麼人們會說龍交龍，鳳交鳳？為什麼人在找對象時就是要相配？配，是在配什麼？就是步調跟節奏要一樣。

如果在婚姻生活裡節奏不一樣就會不協調，有誰想看三百六十五天的馬尾？你能夠容忍這樣的人，自己也必須是這種類型的人，每天都吃一樣，就不在乎每天都綁馬尾，這樣的人就是絕配。

偶爾覺得無聊，可以自我解嘲地說：「沒關係啦，我們夫妻就都這樣。」這也沒什麼不好，夫妻兩個人喜歡就好了。但不要彼此互嫌對方無聊，或討厭自己這樣的生活模式，這才是重點。

第6堂課 激發創意

當你要有不同的創造，展現力與美時，要把它視為一種樂趣。以我來說，我很愛美，別人每次看我都很新鮮，不管到什麼地方，我的穿著跟打扮一定不一樣，讓人耳目一新。我個人認為這樣比較好，每天的妝都不一樣，眼影換顏色，頭髮今天綁這樣，明天又變成那樣，多麼有趣啊！

但是，若換成別人要這麼做的時候，他卻會喊著：「好累喔！」這就要看你想要選擇怎樣的人生。

當然，這裡面有很多的基本功。變化多端的打扮，要靠許多的練習，而且速度要夠快，練成之後就會有力道，一站出來就很有美感。

所以，我對著鏡子馬上就可以看出來：「嗯，這樣穿的線條不好看，換這件衣服比較好，而且應該配紅色的鞋子。」速度很快，練多了自然熟能生巧，有不同的變化跟組合，創造出不一樣的效果。

同樣的，在生意上來說，你想要賺錢，要有發展的意願。不管你做什麼事，都要去練習力道，創造出美感、散發出吸引力，才有機會賺到錢。

假設現在有一台價值千萬的跑車。有個老先生說：「我開車從來沒有超過

五十，我開車踩油門都踩很輕。」你一聽就知道老先生開車很無聊，千萬的跑車讓他開根本就是暴殄天物。要是換了賽車手來開，馬上狂飆到兩百五十，老先生看到心臟差點都停了。

然而，性能好的車子就是要這樣操才有意思。如果把跑車當一般轎車慢慢開，油門慢慢踩，方向盤慢慢轉，那你就不能夠承壓，這樣的駕駛方法就展現不出跑車的力與美。

從這當中，你可以發現為什麼生活裡有些地方不是那麼有趣？很多先生不喜歡跟太太講話，所以他就找同事講，跑去跟別人喝酒，或是跑到朋友家裡打麻將，反正就是不愛回家，因為回家一開門就看到每天都不打扮的黃臉婆，講話無聊透頂，哪有什麼吸引力？那種無聊的感覺讓人提不起勁，就像見到一台沒人想騎的摩托車。

你到底是不是那一台摩托車，就值得研究一下。不過，你至少應該先知道自己有什麼地方是你有意願改變的，要把這個創意的比例調整一下。

第6堂課 激發創意

現在，請你找出什麼地方是你不希望再這麼死板的？什麼地方是你願意改變，讓自己覺得有趣、有創意一點的？

當你不去改變，生活沒有創意，結了婚以後，另一半就會常跟你吵架。譬如你心想，今天好不容易遇到國慶日放假，還是睡覺好了。你要睡覺，另一半卻蠢蠢欲動，想要出去透透氣。但你又不希望他跑出去，兩個人就吵架了。要是你選擇跟另一半出門，但是你又沒有什麼精神，另一半看到一定不會高興，在一起還是不開心。

有些男孩子在挑對象時會說：「我喜歡活潑的女孩子。」每次聽到有人講這句話我都很擔心，冷汗直冒。怎麼有人會敢說自己喜歡活潑的？活潑的就是一直跳，你跟得上對方的速度嗎？

「我們來比賽講笑話！」

「天氣這麼好，我要出去逛街。」

「晚上去看電影吧！」

「看完我還要去唱歌，唱到天亮！」

「喂，那你怎麼那麼無聊啊？」

因為她很有力，同樣地，你也要有足夠的力道才行。你喜歡她很活潑，那你也要很活潑，而且還得能夠主導——男孩子不主導，女孩子就會覺得很無聊，沒意思。這都是息息相關的。你不能只顧著自己「喜歡」，或是只要「欣賞」，你有考量到她喜歡嗎？和你在一起這麼無聊，要她怎麼辦？

要是你每次的表現都沒什麼創意，吃的飯都一樣，去的就那幾個地方，就只好選擇跟一個無聊的人在一起——每次的打扮都像阿婆，這輩子永遠都剪學生頭，永遠都穿那件洋裝，出門都是那雙包包鞋，你就只能娶這樣的老婆，因為只有她才能夠忍受你這種固定的生活形式。

每個人都希望生活很自在，可是，自在的方式不一樣。像我這樣一天到晚打扮，我也很自在，換另外一個人照著我的模式做，他可能就受不了。那麼，你能夠接受的自在是哪一種？

生活裡面的樂趣有多少，要看你自己有沒有這個本事，有多少的活力去開發創意。所以，為什麼一再地強調要「吃飽睡好」？因為，「力」包括你的活力、精力、體力。你的體力可以維持到幾點？你有沒有這個體力笑一整天？你下了班，開始就要在老婆這邊上班。

老婆問你：「你今天怎樣啊？」

你很累，沒力了，像是要熄火的摩托車，就不太想理她。老婆就開始做文章，認為你不愛她。

「你怎麼對我都沒有興趣？以前晚上我們都有約會啊，去逛夜市之後還去看電影呢。」

「哎呀，囉唆啊！都結婚了還約什麼會？」

對女孩子來說多可憐哪！結了婚就失去浪漫了，只能在家當黃臉婆了，過著無聊的子。女孩子甚至會想：「原來你娶我，只是為了生小孩的……」然後就開始吵架了。

我一直讓自己保持得很漂亮，跟先生在一起時要特別妝扮，這就是愛情，就是要讓對方覺得開心。做先生的人也是一樣，你要讓老婆覺得嫁給你很有意思，要是你都沒有時間陪老婆，那娶老婆要幹什麼？心態如果開始老化，對任何事情就漸漸沒興趣了。

為什麼不能晚婚，為什麼會有敗犬的問題？因為這些人已經沒創意了。

比方說，有個年過四十的單身女子，在眾人眼裡她是職場上的女強人，她的創意只著重在事業上頭，但是在兩性關係上面卻沒有任何的發揮，當然也沒辦法擁有愛情。

有許多女人在結了婚之後就不打扮了。老公一看到她就興趣缺缺，越來越沒有意思。老婆越來越隨便，男人也越來越隨便，以前都西裝筆挺，現在像個流浪漢，

第6堂課 激發創意

所有的精神都在搞他自己想做的事情，那些事情跟另一半是沒有互動的，沒有辦法更親密，沒有辦法創造火花，愛情的生命力就等於是完蛋了。

你要仔細思考：為什麼創造力在下降？

人們常說：老，不是年齡的問題，而是一個心態的問題。簡單說，**失去創意就是心態老了**，結了婚就不想繼續戀愛，或是整天只想著賺錢，讓生活的瑣事壓到扁、磨到爛，你只是為了執行例行公事而呼吸，為了生活而吃著便當。

世界上有這麼多好吃的東西、有趣的事情，為什麼你每天過的生活都一樣？把每天同樣的一件事情重新賦予力與美，並且不斷去練習，就像打扮一樣，每天都要不一樣。

我每天都會花時間去想，明天的場合要穿什麼。你必須要有興趣，要發自內心地喜歡。你要想著今天回去要跟另一半講些什麼，要思考生活裡有什麼事情可以再創新的。

人一定要進步成長，接觸新的東西，才會有創造力。就連講笑話也要有創意，不能一直用老梗，別人聽了都煩，那就很糟糕。公司也要有新的案子，要蓋新的房

子，要裝潢不一樣的設備，要去研究新的技術等等，對工作團隊來說才會比較有趣。如果每天做的事都一樣，你的心態就老了，也不會有進步。

有錢人玩車，一台接著一台換，因為新車就是比較有趣。如果一台車你開了三十年，你跟社會的腳步就脫節了。你要想一個辦法，每天走不一樣的路線，過不一樣的生活，這些事情都是可以安排的。

不過，這跟每個人的個性也有關，跟你的境界有關，跟你的意願有關。就算每天做一樣的事情，也可以用不一樣的角度切入，發揮百分百的想像力，看到不同的景緻，得到不一樣的啟發。

第7堂課
學歷跟實力

學歷跟實力，是兩個完全不相干的東西，就像物質與精神的差別一樣。許多人在這兩者之間有很嚴重的迷思。簡單來說，如果你要當老闆，就要靠實力。如果你要領死薪水，你就要靠學歷。要是你沒有實力，就要靠一點學歷。

對自己的學歷，你滿意嗎？對你自己的實力，你滿意嗎？

在實力上，你需要（need）的是什麼？你想要（want）的又是什麼？

在學歷上，你需要的是什麼？想要的又是什麼？

第7堂課 學歷跟實力

寫下這些之後，你是否發現自己需要的是什麼？想要的又在哪裡？為什麼你會在這些問題上鑽牛角尖，搞得自己很痛苦？你搞不清楚的地方是什麼？在學歷跟實力之間，你感到模糊的地帶是什麼？

學歷是讓你假裝有自信跟包裝自己的東西，但是這會帶你進入另外一個世界，就是學術派的路線，比方政府機關、律師、醫師、會計等等那種領域的協會或組織，這就一定會要求要有學歷。因為這些人，就是以拿到的學歷作為融入團體的基礎。一般的體制要的是這個，如果你要玩這種遊戲，就要靠學歷。兩種都有，當然是非常管用。

那麼，實力要幹嘛呢？實力會帶你走到另外一個世界，就是你要真正的會做事，不管在什麼環境，你都有本事能夠生存，你有能力去完成一個有價值的產品。學歷可以靠文憑來提供證明，但實力這個東西比較虛幻，兩個是不一樣的東西，那你要先選要選擇哪樣東西，才知道要走哪一個方向，這也會完全改變你學習的方式跟態度。

比方說，你要做麵包，你要研發全新的饅頭或是要做豆漿，學歷對你來說是沒

有什麼用的。需要拿個博士學位再去做饅頭嗎？不需要吧。如果你要參加選舉，有個博士學位，人家會覺得你比較稱頭。

如果你是醫生，要幫病人開刀，然後你說：「我沒有唸過書，我是靠實力的。」那人聽了就會覺得害怕，因為這條路線是屬於學術派的，要靠文憑來證明你存在的價值。

你若決定要走這條路，要當醫生、律師、會計師等等，一定要跟別人表明自己是什麼學校畢業的，是什麼科系的碩士、博士，生意就會比較好一些。

現在你自己可以分析一下，走學歷路線的你，可以做些什麼？

第7堂課 學歷跟實力

走實力路線的你，又可以做些什麼？

有學歷，沒有實力，最後還是會完蛋。就算你擁有三張博士文憑，還是找不到工作。

這社會上有很多的博士是沒有工作的，因為他沒有任何的實戰經驗，但是，絕大部分的工作需要的是真正有實力的人。當你沒這個實力的時候，辦起事來還是亂七八糟，有再多的文憑還是會失敗，連饅頭都做不好，豆漿也打不出來。

當然，也有一些人是學歷、實力都有。在這兩者之間，要平衡的重點是：你得花多少精神跟時間去取得學歷？你有了學歷，是不是也有了實力？如果你走的是學歷的路線，文憑放在一邊供著，但是實際上要闖出好成績，靠的仍是實力。

你去拿文憑，只是為了解這些圈子的共通語言。譬如讀了什麼主義，什麼理論，

才聽得懂那些人在講什麼，可以跟這些圈子裡的人們溝通。這些人都是靠學歷而組合在一起，他們聽的是這些專業術語。

但是，文憑跟聰不聰明一點關係都沒有。讀大學，大家就是接收這些資料，不管修什麼科系、拿什麼學分，你的目的就是為了能夠聽懂這些領域的共同語言，可以跟這些人講這些事情。

換成是「實力」的領域，溝通的語言就不是這樣。這邊強調的是怎樣能把產品做出來，怎麼做成績可以更好，或是怎樣的溝通可以讓人覺得更舒服等等。這些東西一定要有經驗，而且你一定要懂，否則就做不來。

不管你走的是學術派還是實力派，都會涉及到「技巧」，這是你要自己去探究的領域，它不是依靠考試就可以判斷的事。以學術派來說，文憑是靠考試取得的。考試是讓你知道怎麼樣去解題，甚至把那些答案背下來，就有機會拿到好成績。

所以，有時候我們會發現那些考試拿第一名的人，怎麼後來的表現卻不如預期？因為學歷派的看的是文憑，是分數。拿到第一名，有了這張獎狀或證書，就代表你成功了，你可以領到獎學金，或是可以得到獎狀、獎杯之類的獎賞。但是，若

第7堂課 學歷跟實力

要你去追女孩子，或是別班的人過來挑釁，同學找你出面去調停，可能就不行了。

你要檢視自己的學歷跟實力，這兩項東西應該要有互助的關係，但它是不一樣的世界。一般的父母常會有錯誤的迷思，以為孩子有了學歷應該就會擁有實力，這是不實際的想法，這些父母要的只是學歷，而從不要求實力。但真正能夠讓你生存下來的，最後還是看成績跟產品。

你的身邊一定有很多學術派跟實力派的朋友。你該選擇跟誰在一起做事？很簡單，只要誰有辦法做出好產品，你就應該朝著那個方向去走。

比方說，你想要拍電影，哪個導演可以拍出好的電影，你就跟他走。有沒有學歷沒關係，因為他拍得出好電影。如果是一位碩士，他有能力拍出好電影就沒問題。不識字的導演也沒關係，他懂得怎麼拍、怎麼跟工作人員溝通，也不會有問題。如果有個電影博士，開口閉口就是電影經，卻連基本的燈光該怎麼打都不知道，你會跟這樣的人一起拍電影嗎？

能不能拍出一部好電影，跟學歷絕對沒有關係。你不可能拿到三張博士文憑，就保證拍出來的電影一定賣座，如果是這樣的話，全世界的導演都去拚學歷就好了，對不對？

不過，學術派的組織所領導出來的社會，就會變成文憑至上的風氣。選總統時，選怎樣的人？學經歷最漂亮的人。教育部長，選出自教育體系的人。許多重要的部會跟組織，就被那些名校的校友們給佔去。

他可能會說：「你是某某大學的校友，我拉你一把。」所以，為什麼要讀名校？因為社會許多重要機構裡有很多出自於名校的學長，以後進去就有飯可以吃。他們會有一個校友組織，也會有一些不成文的規定，比方說支持自己學校畢業的人，或是排擠其他學校出身的人。

「你也是某某大的？好，我想辦法幫你在總局安插一個好位置。」

「他不是我們這一掛的，先講好喔！我們誰都不准支持他的提案。」

會用什麼人、會通過什麼案子，都是這些人在操控的。但是，在這些圈子裡面，誰真正會做事？誰真的有成績？只要有本事的就來做，沒有人會問你是哪間學校畢業的。

不過，若在完全講派系的組織裡，光是要搞到這些學歷就非常不容易了。要是沒了這些學歷做為基礎，其他的事情根本就免談。

所以，你得要很清楚自己要走的是什麼路線。

你去參加影展，人家會問你：「你拍過什麼作品？喔！你是得過坎城影展金棕櫚獎的導演，來來來。」能做出成績的，會被這樣對待。

換成在學術派裡，就會變成這樣：「喔，他不是某某大學的校友喔？這就不行了啦。不要派他出來，這樣鐵定不會當選。」

「下一任的院長該找誰呢？王主任是留美博士，學經歷都不錯，只可惜不是哈佛體系，還是換個人選吧。」

「你說他是什麼？留學阿拉斯加的也敢出來選？」

「啊？西肯塔基大學是哪一間啊？賣炸雞的嗎？」

這就是這些人在做的事情。他要評鑑，要比較，學校要比硬體、比師資、比組織、比成績，因為他評鑑成績好，學生多、資源多、名氣大，那以後學生到了社會裡還會有校友團體，學長拉拔學弟，那些人就會絞在一起，變成一個外人無法進入的特殊組織；只要你是那間學校出身的，就可以加入校友俱樂部。

那麼，你爸爸媽媽就會想：社會的資源都被這群人拿去了，那我們的孩子也要去當醫生。

「當醫生，要唸哪一間學校？這間最好喔？兒子，你要拚啊！」

所以就拚命讀書，拚命補習，其他的事情通通都不重要，只要孩子考進名校當醫生就好。父母以為你有了學歷就等於有飯可以吃，而且可以吃得比別人好。

有些父母甚至會不准孩子跟非名校出身的朋友交往。你帶朋友回家，爸媽問你朋友說：「你是唸哪一間大學的？」

「我是讀某某商職的。」

爸媽就會跟孩子說：「唸那間學校的都是壞小孩，你跟那種人在一起幹什麼？」

如果孩子被爸媽洗腦了，就會這樣想：「嗯，唸國立大學的才能當朋友，唸那些三流學校的都是垃圾……」按照不同學歷把朋友歸類。這就忽略了真正有實力的人，或許他的成績不算好。

第7堂課 學歷跟實力

孩子說：「媽媽，他雖然不是明星學校的學生，可是他很有才華呢！他籃球打得很好，而且是校隊隊長。」

「籃球打得很好能幹什麼？不需要打籃球。什麼隊長？能當飯吃嗎？」

「他也很會打撞球，還拿過比賽冠軍。」

「撞球是小流氓在玩的，打什麼撞球？你給我好好唸書。」

「他跳舞跳得超棒，我想跟他一起學跳舞。」

「我看這傢伙不是善類，你不准跟他在一起。」

其他的才華與能力，在學術派的眼裡都一無是處，只有考試的成績才跟生活有關，跟考試無關的都不必談；你會唱歌、會跳舞、會打球都跟學歷無關，成績不好的人就是「廢物」，不是名校出身的人根本不值得來往。

爸媽之所以會這樣想的原因，是因為這個社會被學術派的團體操控。爸媽的出發點是為了你好，你不唸書，他就會認為以後你的前途就完蛋了。「萬般皆下品，唯有讀書高」，不唸書的人就只能去做苦力，只能去當人家的奴僕；有了學歷就可以吃香喝辣，坐辦公室吹冷氣。

他們會一直跟你說：「我要你讀書，是為了你將來過好日子。」

你說：「爸，現在要出人頭地，不是一定要靠高學歷啦。你看巷口賣豆漿的，他賺了好幾棟房子，家庭和樂融融，日子過得很好啊。」

「好個屁，要是你去賣豆漿，講出去簡直笑死人，以後不要叫我去找你。」

「你怎麼能瞧不起賣豆漿的人呢？人家也是正正當當在做生意，而且生活過得很好啊！他不用唸什麼名校不是也過得很幸福？」

「是有多好？是有多幸福？反正賣豆漿就是不行。」

用學歷作為衡量的標準，反而造就在真正的實力上很薄弱。會走這條路的孩子，絕大部分是父母希望孩子走這條路。如果在這個過程中，你想要去學習一些跟學歷無關的事情，爸媽卻百般阻撓，他們會覺得你學這些東西沒有用，就會發生衝突。

「你要練拳？我們都是文明人，學什麼拳？」

「你要游泳？游泳最多當救生員，還能幹嘛？」

「你要唸體育系？女孩子讀體育系不是跟熊一樣，以後嫁不出去啦！」

他會主觀地認為孩子學這個不好，學那個不對，用盡各種方法讓你不要「誤入

第7堂課 學歷跟實力

歧途」，於是，你就會被推進學術派的路線。這是社會上百分之八十的人在運作的制度，你會很在意考試成績，很在意有沒有文憑，若是沒有跟別人一樣的學歷，就會被人排擠。你要爭一席之地，就要考個好學校，出了社會還要考證照，考不好還得重考，所以補習班的生意興盛繁榮。

有些父母會說：「我們家運氣不好，生出來的孩子都不會唸書。」他就覺得很糟糕、很丟臉，天天唉聲嘆氣。若是聽到鄰居或親戚的小孩考到什麼好學校，就更怨自己的小孩不爭氣，比不上別人。就這麼比著比著，比到後來就是比車子、比房子，比誰戴的鑽石大顆、比誰的薪水多、比誰的頭銜大，這些東西都在比。

當你被比習慣了以後，就會想：「喔，原來考到台大就紅包兩萬，考商職就被人家吐口水，那當然要去拿兩萬比較好啊！」考上第一志願就會慶祝，有拿不完的福利，想要什麼就有什麼，別人還會投注羨慕的眼光，那孩子就會想：「沒錯，這條路是對的。」

他甚至會告訴你，誰考上哪間學校很厲害，誰沒考上就是壞小孩，從小就被教育有種特別的優越感。

被這樣教育長大的孩子，學力等於實力的觀念根深蒂固，由其是名校學府出身的孩子會比較驕傲，覺得自己高人一等，也會開始看不起那些不是名校出身的人，開口閉口就比那些學歷跟頭銜，而且一輩子都改不了。他只要擠上所謂的名校，只要拿到文憑，讀了碩士或博士，不管真正的實力如何，他還是有基本的籌碼可以去跟別人談條件。

在職場上，大部分還是要靠實力。雖然把漂亮的學歷報出來，在人前比較有面子，但只要事情沒做好，一樣還是會被人嘲笑。在這當中有許多名不符實的落差，也有很多高學歷的人感到很心虛。

當人們笑說：「第一學府的又怎樣？做事也只不過如此而已。」

「有那麼高的學歷，人緣不好有什麼用呢？而且又嫁不出去。」

「博士？做事還比不上一個工讀生勤快，效率差一大截。」

就算讀到博士，還是一樣被人瞧不起。所以，有很多學術派的人必須要擺出很高的姿態，「我是法官。你有本事考到法官嗎？」

第7堂課 學歷跟實力

別人可以刺激他說：「出庭也沒幾次，考上法官又怎樣？」然後，他故意裝作沒聽到，還是擺著架子，在那邊假裝自己很行。這裡面的矛盾與衝突，一直都存在。

你必須能夠解開這些社會價值觀偏差的矛盾。那些高學歷的知識分子擁有那些光環，如果他沒有真正的實力，其實也很痛苦。他只是個升學體制下的犧牲品，他以為自己走這條路應該會成功，後來卻發現自己連車都不會開，切個水果也切不好，連拿熨斗燙衣服都不會，除了唸書之外幾乎一無是處；更可恨的是書也沒唸多好。

你要把學歷跟實力分清楚，到底你要追求的是什麼？當你擁有學歷的時候，你也要知道你會用到的是什麼，將來在社會上要靠的能力是什麼。

要在社會混的實力，要學的就是跟人講話溝通、懂得看人、待人處事、應對進退，知道做事的細節。如果你不懂這些東西，當然會覺得很痛苦，就算唸再多書也沒什麼用。

有很多人來我這邊上課，他第一句話就問：「這些課有文憑嗎？政府承認嗎？」他在乎的是這些東西。

要是你跟爸媽說：「我要去外國讀書。」

你爸媽馬上問：「讀哪一間？以後回來，有人承認你的學歷嗎？」爸媽擔心你讀完之後沒有學歷，以後會有用嗎？他們很在乎有沒有認證、政府機構怎麼說、別人怎麼看，這個東西有什麼價值？他心裡一直在計算的，是這些東西。

有文憑的，爸媽才會出錢讓你去讀，政府沒認證的最好不要唸，要是你想要學，就得自己想辦法繳錢去學。被這樣的價值觀影響之後，你也會開始想著，走這條路似乎才是比較生存的——你就迷失了自己。這也是一個陷阱。

當你看穿這個陷阱之後，以後別人提起「學歷至上」的觀念，你就不會為之所動，同時也會知道應該要練習的是什麼，要具備的實力是什麼。如果沒有學歷，應該要走什麼樣的路線？如果有學歷，應該要走什麼樣的路線？不管走哪一條，最後能夠生存下來的，還是要有實力。

曾經有一位寫碩士論文的學生問我：「我跟指導教授有衝突，一見到他就吵架，論文也寫不出來，不曉得該怎麼辦？」

我問他：「你寫論文的目的是什麼？」

他說：「就是要把我所學的理論，寫出一篇有用的文章出來啊。」

我說：「不對。你寫論文的目的只有一個，叫做畢業。」

他突然愣在那邊，好一會兒都講不出話來。我說：「你寫論文的目的只是為了要畢業，就算寫什麼狗屁不通的文章都無所謂。只要你過得了，不要得罪你的指導教授，然後把文憑拿到，這就是這個體制裡面玩的遊戲，拿到文憑就是最終要得到的產品。」

「啊？就這樣喔？論文就這樣？」

「沒錯，不管怎樣衝突，最後還是要拿到這張文憑。」

「可是，那不是我的意思，我認為應該是怎樣怎樣……」

「你不必有什麼意思。當初你選這條路的意思，就是有文憑就好。」

拿到文憑的時候，別人誰管你中間過程發生什麼事？你論文裡寫什麼，其實根本沒有人在乎。你寫出來到底能夠怎樣也一點都不重要，只要指導教授高興，批准

你成為碩士，就算成功了。

這樣聽起來似乎很殘忍。為了那個頭銜，從小到大花了這麼多年的時間唸書，最後只是為了換來一張還不見得有用的紙，難道不殘忍嗎？你的青春全都耗在這張紙上，這麼做值得嗎？

有許多寫論文的人，在這段期間是什麼事都不做的。他每天都在想著論文要寫什麼，寫論文的目的就是為了要畢業，學士論文寫完了還有碩士論文，下一個還有博士論文要寫，這樣一拖就拖了好幾年。這些最精華的青春歲月，應該可以生出很多小孩，有很多實務經驗，而不是牆壁上掛的那些文憑。生三個小孩跟拿到三張文憑相較之下，你的產品究竟是三張紙比較好，還是三個生命比較好？

你可以擁有學歷，可是，當你把所有的時間都耗在文憑上——除非你有本事兼顧讀書與生活，讀博士還有時間打高爾夫球、交女朋友、做生意等等，如果有這樣的才華就無所謂，否則最好不要讓自己一頭栽進這條路，讓自己變得很不快樂，而且與生活脫節。

你適合走哪條路，自己要做評斷。會讀書是一種才華，如果你很能讀又很能玩，

第7堂課 學歷跟實力

那就多元兼顧，而且一定要讀書。不會讀的人硬是去拚文憑，到處補習，越補洞越大，反而得不償失，還不如把時間用在累積實力。

回歸到最後，還是要你自己做決定，這跟你的夢想有關。你的人牛要做出什麼樣的成績？你要生產些什麼？你想要的生活是什麼？如果你想要的成績必須建立在學歷體制之下，你想當教授、醫師、法官等等，那就非讀不可。如果你的夢想是雕刻、畫畫、武術之類的，或是想要自己創業當老闆，找一個老師拜師學藝就可以了，何必要這麼多文憑？要是拿不到文憑也沒累積到實力，最後兩頭都落空，人生當然會完蛋。

現在，請你仔細思考一下，你的人生要的「成績」是什麼，你到底要做什麼，你的夢想是什麼？你覺得你的才華在哪裡？你的興趣在哪裡？

如果你的夢想就是婚姻幸福，生很多小孩，這跟學歷就沒有什麼關係。除非你的另一半很在意你的學歷，但是，那跟你的夢想沒什麼關係。

你的夢想也不是媽媽跟你說的什麼志向。你媽只是怕你餓死，希望你能當公務員，或是在大公司裡有一份薪水，有錢、有車、有房，最好還有很多地產跟公司。

「你賺這麼少，怎麼買車子？怎麼買房子？」

他知道養一部車、買一間房子多困難，經營一個家庭多麼辛苦。他見到你這麼不認真，連半間房子都買不起，你靠什麼吃飯？你想要結婚，要養小孩，要靠什麼來養？要是平常一直惹麻煩，當然會認為你沒辦法獨立生存，更不必說要衣錦還鄉，或是要跟別人說自己的兒子很棒。所以，他才會覺得你應該多讀一點書，多拿一些文憑，最好進到大公司裡比較有保障。

就算你做了一份自己不喜歡的工作，每天都要熬夜加班，他們也會說：「唉呀，這年頭大家都這樣啦！」

你說：「這工作每天都要加班。」

他就說：「不要緊啦，有錢賺比較重要。」

第7堂課 學歷跟實力

「最近加班過於頻繁，都累出病了。」

「要去看醫生啦。記得要按時吃藥。」

他只要你能夠去上班，賺的錢能夠活下來，其他的就不重要。很少有父母會問說：「兒子，今天上班快樂嗎？」他們比較常問的是：「今年有沒有加薪？」「有沒有機會升經理？」

「多打拚一些，年輕人吃點苦無所謂，趁年輕多攢些錢。」

如果你真的有實力，爸媽是會認同的。如果你成為富翁，爸媽一定不會跟你講學歷這件事情。對他們來說，最後就是希望你能成功；一般社會對成功的定義就是功成名就，基本上是不太管你快不快樂的。

當你想清楚學歷跟實力的差別，就別再被這個觀念影響，不要再感到困惑。千萬不要到了四十歲還很自卑自己的學歷不高，你要搞清楚自己應該要追求什麼，在這個領域不會的知識是什麼，需要的能力是什麼？現在把它列出清單來。

你應該怎樣增強你的實力？應該學什麼？請至少列出三項。

1.

2.

3.

要在社會上生存，最重要的就是了解人的能力，要了解人，就是要學會溝通。如果不會溝通，你有再高的學歷也沒用，實力永遠都發揮不出來。

溝通需要不斷地練習，而且要跟不同的人練習，只有跟人在一起，才能學會怎麼去溝通。如果你只是唸書，學不到溝通真正的精髓，簡單一個自我介紹，你就會發現自己有多少問題。

為什麼有人才十六歲，可以口若懸河，能言善道？因為練了很多。如果你沒練，那個差距越來越大，等你二十歲時，有實力的人就當主管，沒實力的就只能當下屬。要是到了五十歲都還不會講話，那只能幹什麼？只好去做一些勞務的工作。

你要給自己一個計畫——怎樣增加跟人在一起的溝通？在平常生活裡面，你要想辦法讓講話的量至少提高十倍，否則一定來不及。比你厲害的人已經比你強了，你看到別人在台上講話，你永遠拚不過他，所以就沒有辦法跟這些等級的人在一起，那些有實力的人也永遠不會跟你講話。當然，跟同樣的一個人一直講，是沒有用的。你一定要想辦法多認識不同的人，跟這些人說話，效果才會出來。

Q：為什麼有些人明明有賺錢的實力，還是很沒有安全感？

A：兩種情況。第一種情況，就是他的標準很高，所以會覺得錢不夠，他很怕自己的能力賺不到他希望的目標。他所希望做到的成績，跟他目前的水準還是有差距的。

他現在可以賺十萬，在別人眼中已經很高了。但是，他自己的想像是三十萬，所以他會一直覺得很難受。這是一個認知差距上的問題。

第二個，他是一個沒自信的人。就算每個月賺到三十萬，他還是沒有安全感，也一直會覺得錢不夠。

所以，他需要的實力不是賺錢的本事，而是如何才能滿足的心理問題。不管有學歷還是實力，都一樣要做自己，才會快樂。有一種人是有做事的實力，但他並不快樂，不管做了多少事情，他還是覺得自己不夠好。

有一種男人很會賺錢，可是女朋友來一個跑一個，娶每一個老婆最後都離婚，他覺得感情這件事很沒有安全感，一提到感情就充滿無奈。

有一些女人明明很漂亮，可是卻沒有自信。她可能穿得很漂亮，也不見得沒氣質，可是所有的男朋友都欺騙她，每次戀愛都人財兩失，這也是一種很奇怪的情況，因為她沒有挑對男人的實力。這些都跟文憑沒關，對吧？

這些各式各樣的標準跟條件，造成每一個人心理上的不愉快。每個人所需要的實力，並不一定是賺錢的能力。

還有一種人，心裡會有一種莫名的恐慌，若沒有三百萬的存款在銀行戶頭裡，就會覺得非常緊張。也有一種人是買了房子，他可以付房貸，可是他想要更多的錢去買家具。

有人經營小吃店賺了很多錢，但是他覺得自己沒有什麼社會地位，他認為他沒有光宗耀祖。也有些人認為自己的工作不入流，不像別人乾乾淨淨、西裝筆挺，自己做的工作都是骯髒油膩的，下班後要洗都洗不乾淨，出去跟朋友聚會都覺得有自卑感。這些觀念都是社會教出來的——教你要自卑，教你要看不起別人，要讓你沒自信。

這些狀況，到底發生了什麼事？因為「實力」出了問題，每一個人的狀況不太一樣。

你有了學歷，重點並不是要得到那張文憑，而是有些知識應該要懂，不過，這些知識在實際生活當中，能夠派上用場的並沒有那麼多，你應該多少要懂一些，不能別人講什麼都聽不懂，幾乎像個文盲一樣，就沒辦法跟人溝通了。這些東西若真的要學，不必非得靠學歷不可，自修是大有機會的，重點是你要真的有興趣，願意練，做好正確的基本功。

第8堂課
我的弱點

一提到「弱點」這個主題，相信大家都很有興趣。

既然要講到弱點，關鍵就是要看你自己有多誠實，也取決於你對於了解自己的程度有多深。當你能夠真正認識自己的時候，也才有辦法去了解別人，這是一個非常有趣的事情。

我們的眼睛都是往外看的，很容易去察覺別人有什麼問題、有什麼缺點。你要挑別人的毛病真的很容易，但是，換成找出自己的弱點時，完全就得要靠真本事了。

人生所有的修為與水準，就在於能不能找出自己的問題。你不太知道自己的命運會如何，活在一個迷惘的世界裡，如此的人生不會有所進步。所以，人一定要能夠知道自己的問題，找出自己的弱點。

請你解釋一下，「弱點」跟「缺點」的差別是什麼？

弱點：____________________

缺點：____________________

第8堂課 我的弱點

「弱點」就像一個洞、一個傷口，可能是關節不好，或是走路跛腳，某個地方是比較弱的，甚至是個缺陷。

那麼，「缺點」就像是你站的姿勢不好，你也知道這樣站不好看，不過，就是不想改過來。它是一個不好的品格、不良的習慣等等。

每個人都有缺點，你自己心裡也知道，但有可能就是不想改。不改也就算了，態度甚至還很蠻橫，不可一世。老實說，要是你不改，別人也拿你沒辦法，可是那個缺點會造成別人的不舒服，也會在生活中產生許多問題。

「我的動作就是這麼慢，怎樣？」

「我就是不想洗澡，你管我？」

「我脾氣就是這麼差，你看不慣，就別跟我交朋友。」

這些缺點無時無刻都會影響著身邊的人。別人或許會罵你，但是，你仍然不痛不癢，因為你明明知道，卻不一定想要改過來。

不過，「弱點」卻是很危險的，是會危及到生存的。**只要你有弱點，連神都保護不了你**，甚至連你媽媽都會攻擊你，你的另一半也會找機會戳你。

你跟別人說：「我今天腳痛。」他就會叫你走快一點。你跟他說：「我今天肚子很痛，不要讓我笑，一笑我就受不了。」對方聽到了，偏偏就是要講笑話給你聽，而且還故意講得比平常好笑，那種故意找碴的心態真的很奇怪，很惡劣。

你有弱點，別人一定會來攻擊你。最悲哀的是，只要你有弱點，全世界一定都知道，而且一傳十、十傳百，每個人都會一直跑來故意戳你。所以，只要有弱點就會被攻擊，而且很快就會被別人發現。

如果你跟別人在打架，對方知道你的腳有傷，他就會拼命打那裡。你也不要覺得別人這麼做很可惡，因為若換成是你知道對方腳有傷，也一定會這麼做。

唯一的解決方法，就是讓自己沒有弱點。我們在談的進步成長，不是在比誰找到的弱點多，或是誰的弱點小，而是當你看到自己的弱點之後，一定要非常專注地把那個脆弱的地方給顧好！不管你是練拳的，或是跳舞、打籃球、跟別人交往或是生意上的往來，要練、要強化的，一定是你原本最弱的地方。

要是你知道自己的弱點，卻故意攤在那邊什麼都不管，就等於是把鈔票擺在桌上，想說以後再來拿，希望錢不要不見了，這種想法跟白癡沒什麼兩樣！只要你把

第8堂課 我的弱點

錢放在那邊，人家一定會去拿的嘛。

你把弱點讓人家知道，對方就一定會攻擊你，這是很正常的事。如果不改過來就一定會被攻擊，尤其那些平常和你最親近的人，攻擊得更是猛烈。

婚後的磨合期，夫妻兩個人常常都在互戳對方的弱點。他看到你的弱點，馬上毫不猶豫就戳了下去，簡直會讓人氣到快發瘋。或許你會覺得奇怪，為什麼老公、老婆會這樣彼此傷害？其實他也不是故意的，就是因為太親近、太熟了。如果你跟一個室友非常親近，就像你跟老婆那樣親近，馬上他也會找機會戳你。

人一看到哪個地方不好，馬上就會把這個地方挑出來。如果杯子凹一個洞，會特別去注意這個洞。生活裡面有「洞」的地方，你會刻意去觸摸它，或是拿些東西把它填補起來，這就是人性。

所以，你要專挑自己的弱點來改正。要把弱點補強起來當然會很痛，很多人會想，乾脆慢點去處理好了。進步成長之所以會讓你不舒服，因為它就是專門搞你不舒服的地方！如果你練過拳，就會知道教練會專挑你不行的地方練習。你站不住，他就叫你多站幾個小時，你的筋太硬，他叫你拉筋多一點。

結婚也是一種進步成長，磨掉那些自己個性不夠好的地方。結婚的時候，你的弱點全部都爆出來，本來沒那麼難以忍受的事情，在老公眼裡忽然就會小題大作，甚至連牙齒的顏色都可以挑毛病。

「有沒有搞錯啊！你跟我戀愛的時候都沒有問題，怎麼結婚以後嫌我牙齒太黃？」

很奇怪，髮型有點不好看，或是身上有點味道，就會變成很嚴重的問題，偏偏在戀愛的時候就沒這些問題。

所以，為什麼談戀愛不切實際？因為那個時刻弱點不會爆發出來。就算真的忍受不了，頂多就分手而已。結了婚之後，對方就專門攻擊你的弱點，磨合期之所以會這麼痛苦，就是跟彼此之間的弱點有關。

現在，先讓你找出自己的弱點，再來看看心得是什麼。

第8堂課 我的弱點

你的弱點，就是你會被攻擊的地方，但弱點不是表面呈現出來的現象。

舉個例子來看，當你說：「我的弱點就是不會賺錢。」不會賺錢這件事絕對不是你的弱點，當然，人家會攻擊你這個問題，但是你必須了解不會賺錢的後面有什麼原因，一定要找到隱藏在後面的真正問題。

再舉一個例子。你說：「人家講話講很快，我就會跳起來！」這樣聽起來很奇怪吧！你應該要能夠很明確地講出：「我沒有耐心聽人家碎碎唸」，或是「我沒辦法跟囉嗦的人溝通」。

你要能夠分析真正的問題在哪裡，而不是講一個表象。別人嘲笑你什麼，你在擔心什麼，分析之後，弱點就會被找出來。

有許多人一輩子沒想過這件事，因為不願意誠實面對。偏偏最危險的事，就

是你身上最大的弱點，現在要你把弱點寫下來，你竟然會寫不出來，問題嚴不嚴重？難道你都沒有弱點，沒有問題？這就看你自己的察覺力夠不夠，平常有沒有在觀察。

我天天都在找自己的弱點，在別人的眼裡，就像是我自己給自己找碴。所以，別人不必來找我碴，來他們來找碴之前，我自己都已經把該找的碴給找完了。但是，要是你找不到自己的弱點，就非得要別人來幫你找不可，換成別人來幫你找，就是用刺的、用戳的的方式，等你痛了、不舒服了才會曉得。

自己想找弱點卻找不到的人，可以靠專家或老師來幫你找。像我們從事顧問行業的，就是專門在幫人找出問題，並把這些弱點補強起來，提供訓練及改進的方法。

要是你睜一隻眼，閉一隻眼，故意把弱點變成看不到的盲點，這就會是個很嚴重的問題。你最好在別人還沒有發現你的弱點之前，先把它給好好地處理掉，而不是抱著鴕鳥心態不面對，還一直去說別人有什麼問題——隨便講幾個弱點都改不完了，哪還有空去批評別人呢？

第8堂課 我的弱點

當你知道自己有弱點，就不會輕易地找人打架，先養傷再説；要是搞不清楚弱點在哪裡就直接去找別人打架，簡直就是去送死。

你必須先誠實面對自己的弱點，看到了之後，就要用心思去彌補。既然你已經知道別人一定會來戳你，但是你把弱點擺著十年都不改，一直任由別人去戳，為什麼還是醒不過來呢？怎麼不早點覺悟呢？

被別人這樣攻擊之後，你會累積很多痛苦的情緒，吸收許多負面的能量，然後，就一定會有不愉快的事件發生——人際關係不好，錢就賺得少，甚至還漏財，生活的水準也一定不會好，婚姻也不會幸福。

小時候沒有被好好訓練的弱點，等到現在長大了才要開始練的時候，就會發現生活非常痛苦——怎麼人緣會不好？

為什麼客戶不買單？

為什麼生活像在泥淖裡掙扎？

為什麼婚姻像在打仗？

好像很多地方被綑綁住，完全是因為那些弱點還在那裡，遲早會踢到鐵板。

當你還是小學生的時候，同學騙你錢，最多騙走幾個銅板。現在長大了，開一間公司，人家還是跑來騙你錢，騙掉多少？可能幾百萬甚至幾千萬，搞到公司發不出薪水甚至倒閉。小學的弱點到現在一直都沒改，那個漏洞會變得越來越大，損失也越來越慘重，欲哭無淚。

小時候你可以很野蠻，爸媽不打你、不罵你都不會有事。現在長大了，別人一樣不打你、不罵你，但是你自己會承受不了。

比方說，老闆對你的表現不滿意，但他不會直接罵你，只會用扣薪的方式，或是跟你說：「明天會把薪水給你。不過很抱歉，我們公司營業情況不太好，下禮拜請你不必來上班。」

他都把話講得很好聽，你聽起來卻覺得很困惑，因為他不敢得罪你，也不想跟你吵架。在社會上就是這樣，別人不會告訴你錯在哪裡，你也不知道要從何改起，死得不明不白，這就是最讓人痛恨的地方。

以前在學校時，老師對你說：「你為什麼上課要聊天？去給我罰站！」

至少這樣還比較爽一些，因為你知道自己錯在哪裡。但現在呢？公司不會讓

第8堂課 我的弱點

你去罰站，主管不一定會罵你，你問他自己哪裡做不好，問半天也問不出來，因為大家都不願意得罪人，也沒有義務教你、管你，能不能進步成長，完全是你自己的問題。

不僅是職場，在家裡也是一樣。連你爸媽都不罵你，公公婆婆更不敢罵媳婦，最多是使個臉色，要是你看不懂什麼意思，他就會說：「不用啦！沒什麼事。」

你再繼續問他，他說：「免了！我沒怎樣。」

對你來說，他的回答就像個謎，不清不楚。但在後面呢？就會攻擊你不會做人、不懂禮數、不知進退跟分寸等等。他不會當面跟你講，所以你的弱點一直都存在，沒人點出來。

當有人願意點出你什麼事情沒做好時，你應該要心存感激。或許這些話不是很好聽，但忠言逆耳，千萬別跟人家辯解，你一辯解，下次別人就不會再講了。你要做的，就是自己趕快改過來，因為強化這些弱點就是人生幸福的根源，這些弱點就是生活裡的暗礁與不幸。

你今天之所以會不成功、不如意、不得志、不賺錢、難受與痛苦，都是來自於你身上的弱點。比你厲害的人，就是弱點比你少的人；比你能幹的人，也就是弱點改得比你快的人。所以，你一定要找出自己的弱點，找出問題，想辦法改過來。

你必須了解一件事。想在這個社會生存，必須要具備很多種不同的能力。每個能力都有一個分數，然而當別人要攻擊你時，不是以整體的平均分數來評論你，而是以最低分的弱點項目當成你這個人的整體分數。

人生不是奧運比賽，你不能自我感覺良好，一直看著自己最強、最高分的項目，方向大錯特錯。弱點會被攻擊是理所當然的，所以，你必須把最低分的項目給拉高起來。

講話別人聽不懂，是一個很大的問題。做事情速度太慢，也會是個問題。考試的時間到了，你只寫一半，雖然你都會，可是解題速度來不及，最後就不能算分。你可以跟人辯解說：「我菜煮得很好！」沒錯，你很會煮，等你一餐要等個三小時，菜煮得再好都沒有用，誰又願意這樣天天等你呢？

做所有的事情都跟速度有關，速度為什麼會快？練出來的。要是你都沒練過，

第8堂課 我的弱點

和黑帶的打架，怎麼死的都不知道，根本看不到對方怎麼出拳的就已經昏倒了。你在跟別人溝通的時候，如果都聽不懂對方在講什麼，馬上就完蛋了，很容易被別人耍得一愣一愣的。

比方說，你剛進一間公司工作，有一位將要離職的人把工作交接給你，他可以故意講到讓你聽不懂，錯誤操作機器，或是讓你交不了差。當然，這是故意存壞心眼的例子，有時候就算對方不是故意的，卻也懶得跟你講那麼多次。

「你懂了吧？那就這樣囉！」

他知道你不是真的懂，可是他並不想理你，也不想花時間教你。你讓別人覺得不舒服，就會有這樣的下場。

現在把場景轉換成夫妻在講話。老公聽到老婆說了一句蠢話，非常不合理；如果是第一次發生，或許不會怎樣，但這種情形持續三年之後，對方聽到一定馬上變臉，沒有耐心回應，或是直接說：「笨蛋，講這個幹嘛？」

老婆還來不及反應剛剛發生什麼事，老公已經生氣了。老婆想要解釋，但老公就不想跟她講話。

兩個人相不相配不是年齡的問題，而是水準的問題。若是一個速度很快，一個很慢，配在一起一定會出問題，速度快的會氣死，速度慢的緊張到死。所以，結婚的時候，兩個人溝通的水準與速度一定要差不多。你的速度不夠快，就得趕快練。

你跟別人比，比什麼？比速度，比能耐，比能量。你必須要有那些基本功，不然在生活上就是輸人家一截。輸人一截就會帶來不幸，就會充滿怨恨，就是不快樂，就是不幸福，而且也沒有辦法讓別人開心。

生活裡所有遇到的問題，一定要靠「練」彌補起來。可是，該怎麼練呢？必須先找到自己的弱點。要是你一直練習你會的能力，譬如說，你很會打字，就一直練習打字，有事沒事就打，方向就錯了。你應該去練你不會的事情。

我為什麼要寫書？因為我的文字能力很弱，所以每天逼著自己寫，至少要出二十四本。我不是職業的作家，不是以寫書來賺錢的，我逼著自己出書，就是練習自己不會的事情。

當然，這並不是說優點就不需要繼續練，也不是什麼事情都要練到精通，把自

第8堂課 我的弱點

己活活給逼死。不過，人生的最低分絕對不能不練，因為會出問題的地方，就是你的弱點。你要把最低分拉高才行，這就是很現實的挑戰。

你可以去比較不同的餐廳，為什麼這間店的生意會好，那間的生意會不好？就是弱點跟優點。弱點每個人都有，重點是怎樣把它練到別人沒辦法攻擊你。

再舉個例子。為什麼有些衣服讓普通人穿就會很難看，換模特兒穿就會變得好看呢？因為他們經過專業的訓練，每一個動作都是練過的。他知道穿這件衣服要怎麼站，要怎麼走路、擺什麼姿勢才會好看，把自己練成每個角度看起來都漂亮。所以，一件衣服好不好看往往是個錯覺，重點是穿在誰的身上。

有些人在拍照時，會故意露出自己最漂亮的某個角度。如果換成一個專業的模特兒，就不可能只有某一個角度漂亮就行，他必須把自己練成不管哪個角度看起來都很漂亮，沒有任何的「弱點」。攝影師來了，隨便拍，這角度看也漂亮，換個角度看也漂亮，不必刻意擺什麼姿勢都很好看。

今天換你下去拍，你沒練過，或許拍起來還不到醜的程度，但也不是很好看。這一點都不奇怪，因為你有弱點嘛！

既然講到進步成長的課題，就必須對弱點很有興趣，不能討厭它。若是討厭你的弱點，不願意誠實去面對，你就覺得心中很鬱悶，壓力很大、每天都很緊張，這樣不是正確的解決方法。你必須很喜歡自己的弱點，然後得花時間去照顧它，不斷地反覆練習，直到它變強變好，讓自己無懈可擊。

進步成長是一件很刺激、很痛快的事。然而，這些快感是需要經過不斷練習才能享受的，好比打籃球、彈鋼琴、學跳舞等等，一定得經過不斷的練習才會好玩。人生本來就是來玩的嘛！至於要如何玩，才能玩得痛快、玩得盡興呢？這個秘訣就是「練」！願與君共勉。

第9堂課
增加動力

遇到自己不想做的事情，卻又非處理不可，該怎麼讓自己去增加做事的動力呢？

比方說，你很不喜歡目前的工作，但又一定非得去上班不可，要不然就沒錢繳房租，沒辦法繳房貸，沒有生活費。這時候，你得要跟自己商量一下，就算勉強提起精神，每天上班好像要去赴死一樣，長期下去到底是不是個辦法？

我可以理解這樣的情形。對我來說，人生最痛苦的就是求學階段。我不喜歡上課，老實說，我很想退學不去學校唸書，偏偏這又是不可能的事，只好一直忍耐到畢業。忍耐很痛苦，但一想到退學的代價太大，會被爸媽、親友轟炸，想一想，還是算了。

這段忍耐的日子真的很累。我常覺得，何必把自己的人生搞成這個樣子？

在那段時間裡，我把所有的時間拿去賺錢跟玩樂，在校就只是應付考試、畢業、拿到文憑而已，不過，我也竭盡所能地做了很多事情。譬如說，我交了很多朋友，看盡所有能看的電影；除此之外，還把所有的課餘時間拿去外頭賺錢，再花時間去玩，去上我想要上的課、學習我想要學的事物，這些事情帶給我非常多

第9堂課 增加動力

的收穫與樂趣。

等熬過了那段時間之後，生活就變得完全不一樣了。我有很多想要做的事情，對自己所做的每件事情我都非常喜歡，那種興奮的程度，幾乎每天都捨不得睡覺，也等不及到天亮。一旦得到了自由，過去所累積的能量都會發揮出來。

這是要告訴各位，**你一定得找到一種將興趣跟生活相互結合的方式**。這並不是一件容易的事。

我把所有的時間，都用在打造這樣的生活模式。不管是要開公司、談戀愛、打籃球、練太極或學跳舞等等，一定都要很瘋狂地投入，才會有辦法讓自己越來越喜歡。否則你會覺得，這麼辛苦要幹什麼？一個簡單的動作重複一直做幾百次、幾千次，每天都要這樣練嗎？這樣搞來搞去，三不五時看時鐘，心想：「時間怎麼不趕快到啊？」沒什麼意思。

你一定要讓自己能夠「樂在其中」，進入這種狀態之後，不管做什麼事情都會很有趣。還沒有練到這種境界的人，會覺得很痛苦。

你一定經歷過「樂在其中」的感覺。現在，請你找出在生活當中，有什麼時候你會感到樂在其中？不管做什麼事情，都會讓你覺得很有意思？

我們再把這件事分得更細一點。找一個你在學校讀書、學習時，像是數學、物理、歷史這些科目，也可能是在課堂上聽到老師講到某些有趣的事情，或是墊著墊板一個字、一個字慢慢地寫作業，或是拿到滿分的考卷時，你覺得學習非常快樂，覺得自己很有成就感，而且樂在其中的例子。

第9堂課 增加動力

下一個要找的是，你跟同學在一起的某個時刻，你很享受這段時光，很高興有同學相伴，跟他們在一起感到無比地開心。請找出這些例子。

剛剛所舉的例子都是在校求學的範圍。下一個要找的，是你學習任何事物，像是學化妝、學畫圖、學跳舞等等，不管學什麼都可以。當你在學這件事時覺得非常

快樂，甚至於好像靈魂出竅那樣。

現在，請找出這樣的例子。

最後，請你做一個結論——剛剛找出這些「樂在其中」的例子時，有什麼心得？

當你經歷這些開心的時刻，有怎樣的感覺？

第9堂課 增加動力

我們稍微歸納一下。學習到了怎樣的程度，才能叫做「樂在其中」？

有一種判斷的情況是：當你學到渾然忘我，完全進入了狀況，忘記了時間，忘記你的腳痛，忘記昨天被罵，忘記作業沒寫……什麼事統統都忘記，彷彿自己置身於另外一個世界，這就叫作「進入狀況」。

你要學會讓自己完全地進入狀況，集中精神，心無旁騖。不管做什麼，只要進入「樂在其中」的狀態，什麼事都能變得很好玩，精神跟體力就像用不完似的，就算用完了也無所謂，不會有一絲絲的抱怨。

當你很認真、很專心投入之後，這件事情就會給你一種回饋——或許是成績提升了，或是薪水變高了，或是讓你更有能力，或是得到一些前所未有的領悟。只要你跟任何事物有了溝通，就會明白這種感覺，那種感覺會讓你很開心。

那麼，跟同學很開心的在一起時，也是一樣的道理。你跟他之間沒有什麼勾心

鬥角，沒有什麼誰嫉妒誰的問題。當你進入狀況、樂在其中的時候，那是一種很單純的快樂。就像一起打球，兩個人想辦法合作得分，你不會想扯他後腿，沒有那種卑鄙下流的想法。

所以，你要學會怎樣能夠擁有那種感覺？該怎麼去跟別人合作？要怎麼去做才會很好玩？

如果一開始就想：「幹嘛？你想害我嗎？」

「你……你是怎樣？你怎麼會撞過來？」

「你那個姿勢是什麼意思？」

若是這樣的心態，就沒有辦法樂在其中，也沒辦法進入狀況。這是人生當中很重要的一個態度：不管幹什麼，都要專心。就連交朋友也是一樣，朋友是一輩子的事，你要讓對方感受到，無論如何你都會支持他。

這種感覺，你我都曾經體會過，只是忘記了。

當你學東西的時候就認真學，不是在想著要拿第一名、有沒有人會嘲笑你的姿勢醜，會不會有人檢查成績單之類的，不應該想這些事情。你唯一該做的事，就是

第9堂課 增加動力

讓自己融入這件事，不去擔心別人的眼光，不在意外界的批判，當真正進入狀況的時候根本沒空去想這些事——**你會發現時間不是時間，空間不是空間，問題也不會是問題。**

如果一直想把自己抽離這個環境，就會覺得自己很苦命。

「快！」高空跳傘時，教練說：「輪到你了，趕快跳下去。」

「真假的？真的要跳？」

「快跳啊！不跳，我把你踢下去。」

不敢跳的人，就一直杵在那兒不敢跳嘛。你不跳，後面還有別人要跳，所以就只好一直推你，看起來有點像是「苦苦相逼」——不是叫你去死，不是故意要把你推入火坑；而是你不跳的話，永遠不會進入狀況啊！只有進入狀況之後，才有辦法樂在其中。

所有那些在談戀愛的情侶，我都會跟他們說：「那你就決定結婚，挑個日子吧。」為什麼要結婚？因為結了婚才能夠玩真的。要是只在那邊談戀愛、分手、談

戀愛、分手，全都是玩假的，根本沒辦法進入狀況。

「喔……看看啦，我再觀察一下。」

有什麼好觀察的啊？你的眼睛是有多厲害？給你觀察個兩年，不結婚的還是不結婚。你一直在觀察，觀察對方是不是個好對象，觀察你們兩個在一起會不會幸福，但你永遠看不透幸福的真正秘密，看不懂的永遠還是看不懂——先要進入狀況，才能樂在其中。

進不了狀況，就永遠只能停留在觀察的階段。而那些觀察不但不正確也不切實際，對你的幸福一點幫助都沒有，這樣的動作有什麼意義呢？

再舉個例子，現在你打算經營一間公司。你的合夥人問你談生意的事情。

「慢慢來，先印名片再談生意吧。」

慢慢來？光設計一個名片就好幾個禮拜，別人的生意都不知道談到哪裡了，還等你的名片印完？要是速度太慢，不能進入狀況，連找客戶都沒機會。

你要打籃球，有人說：「等一下，我檢查一下鞋子有沒有穿錯。」

好不容易檢查完了，他又說：「我看一下口袋裡有沒有手機。」

第9堂課 增加動力

「啊，對了，我媽說下午會打電話給我。我檢查一下她有沒有打電話來……」

「我回她一下電話。唉呀，她不在，我留個簡訊好了。」

「喔，我還得去餵個狗。」

你想跟這樣的人一起玩嗎？不過打個球而已，就是玩或不玩而已，他卻搞得很複雜、很囉唆，你能受得了嗎？這樣，當然就沒人想理他了。

我們換個方向來看這件事。當你在外頭找工作的時候，本來你所想的，也只是要或不要而已，但面試的人會問你很多的問題。

「你說你以前做過類似的工作，有什麼證據？」

「你的履歷表怎麼只寫一頁？能不能再補充說明一下？」

「請你多拿一些作品過來。」

只要經常被別人這樣子搞，你也會用同樣的方式去搞別人。搞來搞去，人與人之間充滿不信任，你就會覺得很煩、很累，而且認為跟別人互動是一件很麻煩的事。

我要提醒你的是，那些曾經擁有的快樂時光並不是回不來了，而是你不再用那些讓你快樂的模式繼續生活，所以你變得越來越市儈，越來越恐懼，越來越不相信人，也無法對周遭的事物提起熱忱。

下一個我們要討論的，就是你跟家人曾經感到很開心、很舒服的狀態，但是對象只有一個人。譬如你跟爸爸、你跟媽媽或是你跟奶奶等等。請找出這個時刻。

現在，請你找出工作上的例子。對象可能是夥伴，可能是老闆，可能是你的同事；範圍可能是你在公司執行案子，或是學校的活動，但主要是工作時你覺得很開心、很進入狀況的時刻。

第9堂課 增加動力

最後一個，就是處理一般生活的事務，包括打掃或是修理機器、搬東西或是做菜煮菜之類的事，你在做這些事情很高興，樂在其中，處理的東西跟人無關，而是跟東西有關。現在請把這個例子寫下來。

找出這些例子，是為了讓讀者能夠體會「玩」的感覺。

你千萬不要認為掃廁所很討厭，只把它當成是一個不得不做的例行工作，這是不對的態度。別人指派你去掃廁所，你要把它當成是有趣的事，看看可以洗到多乾淨，要去廁所玩個痛快。

如果你心裡這麼想：「為什麼是我？」

「跟我有仇嗎？為什麼我要掃廁所？」

不是別人跟你有仇，而是這樣的態度本身就有問題，做任何事都不會很開心。馬桶髒了本來就要刷，機器壞了要修理，你應該把它當成是很有趣的事，沒有什麼好生氣的。你要記得身邊的那些事物給你的快樂，不管是公司的文件、機器、摩托車、弄髒的馬桶、嬰兒的尿布，都要很高興地去面對，這就是真正做事情的態度。

你一定會遇到不喜歡的人、事、物，人生本來就是有很多這樣的事情。若是你的面對能力不夠強，看到這些東西就會很生氣、很討厭。見到嬰兒拉屎，會想：「媽的，不是才拉過屎，怎麼又要換尿布了？」什麼事情都覺得很可惡。

但是你也得明白，如果沒有辦法經歷這些事情，也沒辦法顯示你的才華。你要

第9堂課 增加動力

把東西搬好、把車洗乾淨、把文件弄整齊等等，一切都安置妥當，井然有序，如果能樂在其中，所有的事情都會很好玩。若是你很討厭它，就沒辦法做好。你並沒有盡力去了解發生什麼事，也沒有真正地進入狀況，所以會覺得很討厭。

從小到大，有許多快樂的事情，現在沒有那麼快樂，因為你沒在玩。那麼，你為什麼不去玩呢？

增加做事的動力，「玩」的心態是重點。把工作當作遊戲，越玩越開心，這邊做，那邊也做，很好玩嘛！忙得不亦樂乎，還一直玩到國外去，事業一直發展。全世界有很多的地方，有很多的機會。

要是你還沒開始玩，就這麼想：「這樣搞一定會死的。」

「去外國會被人害的啦。」

「搞那個很麻煩的，那個不好玩。」

「去那邊發展喔？回來的幾乎都生病了。」

要是想法這麼負面，怎麼玩得起來？

你應該要想：「我去一定會有好機會！」

「凱旋歸國，就來慶祝一下！」

這是心態的問題，太過於斤斤計較了。

樂在其中時，絕對不會有什麼算計的心眼。就像小時候同學請你吃便當裡的雞腿，你一定不會問他：「吃這個喔？這個衛生嗎？」要是你這樣表態，要怎麼跟人家做朋友？就是很開心地接受，兩邊都很高興。

這種對待人的方式，從小你就會了。你跟家人在一起的快樂時光，一想到都會發出會心一笑。那些時刻裡，沒有什麼評估貶低，沒有什麼罵來罵去，一切都很輕鬆。

就像你跟爸爸說：「爸，我們一起去散步吧。」

爸爸回應你：「嗯，走吧。」

很自然，那種輕鬆的感覺根本都不必學，沒有什麼特別，就像小孩子跟別人那樣地相處，沒有任何的心機，沒有一絲絲的算計。交朋友就是交朋友，遇到問題就是直接面對，叫你搬你就搬，叫你洗就洗，叫你換就換；要珍惜擁有的這些機會，這些事情可以挖掘出自己的潛能。

第9堂課 增加動力

不管做那一個行業，都要很開心。你要對客戶很有心，找出這個行業的樂趣，讓上班變成一件快樂的事。態度夠認真，很快就會進入狀況，身邊的人也一定會喜歡你。

有些人在做事的時候，一天到晚喊著：「我很痛苦，很委屈啊！」「要不是為了賺一點錢，誰會願意吃這種苦……」

如此一來，當然不會有心在工作，上班時偷工減料、偷雞摸狗，一定越做越不開心啊！

我先生以前在餐廳上班時，他跟客戶好的不得了。過了十年之後，他在馬路上見到對方，馬上說：「我知道你喜歡吃哪一道菜。你的菜喜歡直接加鹽。」

「哇！你還記得喔？」對方嚇了一跳。

「是啊！十年前，你常來我待的餐廳。我甚至還記得你常點什麼菜、習慣吃什麼東西，佐料怎麼放。」

過了十年，對一個客戶的習慣還記得這麼清楚，如果不是真的很有興趣，怎麼

會記得住這些事情？既然可以把客戶當成這樣的好朋友，上班怎麼會覺得難受？

工作的時候，要想的是怎麼去服務對方、怎樣把事情做好、怎樣去玩可以把工作變得更有趣。你很懷念小時候玩遊戲的時光，可以把現在的工作當成最棒的娛樂，寓工作於遊戲之中。小時候在溪裡抓蝦，長大了之後就在市場裡抓客戶，一樣都是玩遊戲。一直玩、一直玩，最後就能玩出一片天。

你要擔心的問題就是「態度」——怎麼樣對待別人？怎麼樣去喜歡自己的工作？怎麼樣可以進入狀況？而不是花時間在那些不重要的事情上，想著：「唉呀，我今天不想去上班。」

「那個客戶真討厭。」

「同事又搞砸了案子，真是靠不住。」

「老闆似乎心情不好，要小心他刁難我。」

要是真的進入狀況，怎麼會有時間去想這些事情？每天都在想這些，工作的情緒當然不會好。你不應該想著要不要去上班，應該想著怎樣能快一點賺到錢？怎麼做成績會好三倍？客人有沒有聽懂我說的話？只要進入狀況，就能樂在其中，也一

第9堂課 增加動力

定會覺得很好玩。

把這些事情當遊戲去玩，就不會覺得很命苦，好像在混吃等死一樣，才剛上班就在等下班，還想著偷雞摸狗的事，到處張望看看有沒有別人在觀察你，活得像個間諜一樣，很辛苦。

要怎樣才能去主導自己隨時進入狀況，增加做事的動力？這是個不為人知的秘密。沒有這個動力，是因為腦袋裡塞了太多莫名其妙的東西。

現在你所厭煩的那些事情，其實過去都曾有過快樂的經驗。你可以很快樂地去做這些事，也可以擁有很多的動力。至於這些動力是什麼，你自己要去整理。這個章節裡都已經告訴你了，很簡單，每一個人都會，只是你忘記了。

把這種感覺找回來，而且每次要做事情的時候，記得運用那種動力去做——就是前面所講的「進入狀況」，把所有的狀態都轉換成自己喜歡的形態。把這種動力再往上拉高一些層次，把生活逐漸改變成自己喜歡的樣子。

就好比在裝潢房子，可以慢慢加入一些你喜歡的元素與花樣，把裝潢這件事變得很有趣，而不是每天抱怨，「這麼倒楣，住這間破房子。」

住的地方、用的東西，都可以藉由主導的方式去創造；甚至連人際關係也一樣，運用不同的講話方式，把溝通變得很有趣，漸漸地，你會找到自己喜歡的方式，建立自己需要的環境。

還沒有找到自己喜歡的方式之前，不需要操之過急。給自己一點時間，給自己定一些目標，讓自己快樂地玩。如果領的是死薪水，快樂的玩，一個月也賺那些錢；每天都想逃避現實，還是賺一樣的錢；如果是幹業務的，一不小心被情緒影響，能賺的錢就更少。

就算每個月都領一樣的新水，卻有不一樣的空間與生活品質，達到設定的目標，後面的人生會越來越好玩。如果你很認真地去上班、很認真地工作、很認真地談感情、很認真地去經營友誼，將來的成績一定會越來越好。

你必須瞭解這是可能的，最大的問題是你並沒有這麼認真去做，你沒有樂在其中，也沒辦法地給自己這樣的動力。請你務必認真，且要相信自己可以做到，包你成功，天天都幸福。

第10堂課
突破極限

面臨極限的挑戰往往是生命當中最刺激的事情。每次當你把自己逼到一個臨界點，所有的運轉逼近極速的時候，那種興奮的程度常會讓人難以入眠。你會以為自己差一點就要死掉了，可是，只要稍微再刺激一下，馬上又會爬起來繼續拼命，又有新的想法跑出來，那種能量泉湧、源源不絕的感覺令人銷魂，樂此不疲。

只要活著，一定要懂得如何讓自己突破極限。如果不能逼近極限，又怎麼能突破？當你停留在一個地方久了，會覺得生活總是遇到瓶頸，沒有變化，所以日子過得很無聊，步調永遠都是慢慢的，沒有什麼意思。要是生活一直發生撞擊，撞的次數多了，就會知道問題出在哪裡，要嘛撞錯地方，要嘛就是突破瓶頸。

要突破，就不要怕多做些事。拼命衝，就有機會突破。**如果不能突破，不能進步成長、擴展延伸，就會有受到侷限、處處被壓縮的感覺。**這社會上多數庸庸碌碌的人們寧願選擇活得安逸一些，就算日子過得無聊一點也無所謂。請你捫心自問：你也喜歡這種感覺嗎？我本人就不希望自己過著這樣的生活。

我爸媽常對我說：「放慢一點，慢一點啦！你太快了。」這句話的意思，就是別人很怕見到我這樣撞來撞去的。但是，如果不把自己逼迫到極限，就沒有辦法突

第10堂課 突破極限

破，覺得沒有創意，也變得沒有活力。

當一個人感覺失去活力時，就表示已經逐漸老化，朝死亡的方向邁進，也差不多要完蛋了。要是一直過著一成不變的生活，到了四、五十歲，不會有什麼特別的火花，只能背著過去的包袱繼續過生活，每天做著一樣單調的事情，跟退休等死沒什麼兩樣，差不多也可以進棺材了。如果可以一直衝鋒陷陣，一直不斷地互動、撞擊，就有很多新的事情會發生。

現在，請你列出為什麼做一件事情堅持不下去，為什麼最後會放棄的理由。

只要找到的理由夠多，是否會發現，原來自己寫下來的某些理由竟然這麼可笑？

在以上這些列出來的理由當中，只要是你覺得可以取消的，你自己知道哪些理由是在自欺欺人的，就把它給刪掉；至於那些你認為沒有辦法取消的理由，就把它給保留著。

現在，咱們再換一個角度來討論。請列出你曾經做過的事，這件事可以是一個行動、一個訓練過程或是一個「專案（project）」，它必須是長時間的專案，而且最後的結果是成功的。

如果這件事小到像敷臉一次，就不能算是一個專案。所謂的專案，至少要像上小學而且成功畢了業才算，要從事一項活動很長的時間，這樣才能算數。好比說，你賣車賣了五年，學跳舞學了六年，練太極練了十年，這些都算是成功的專案。

第10堂課 突破極限

現在，請找出三樣成功的「專案」。

1.

2.

3.

很多人都有成功的經驗。在執行這些專案的過程中，有多少次你會想要放棄？你想放棄的理由是什麼？請把這些理由找出來。當你真正面對這些問題時，就會對「突破極限」這件事情有更多的真實性。

現在再來看看，你跟別人在一起的時候，忽然萌生想放棄這段關係的念頭時，究竟發生了什麼事情？跟別人的相處也算是一個「專案」，雖然你不見得跟對方完全斷絕關係，可是你可以發現自己跟對方的關係不一定很好，專案就變質了。變質的理由是什麼？把這些理由找出來。

現在再更進一步來看，找出自己最親近的五個人，爸爸媽媽一定要包括在內，可能再加上爺爺、奶奶、哥哥、姊姊或是某一個比較親近的親戚，去分析你跟他之間的關係。小時候關係怎樣，然後現在變成怎樣？彼此關係改變，是因為發生了什麼事情？可能小時候關係很好，可是後來就沒那麼好，為什麼？

你要找出和每個人關係變質的理由，而且理由要詳細，不應該只是描述：「我媽壓抑我……」，「我們理念不同。」你要清楚地找出某一次的事件，關係變質的理由是什麼。

1.

2.

3.

4.

5.

請仔細回想，剛剛列出的每一項事件，感覺是什麼？結果變成怎樣？請你再詳細一點地把它描述出來。你的感覺是什麼？比方說，你覺得爸爸很霸道、媽媽變得很不理智，或是你很恨妹妹等等，描述出那個結果。

1.
2.
3.
4.
5.

這些感覺跟反應，在生活裡就像撞球一樣撞來撞去。假設你跟爸爸處得很不好，你跟媽媽的關係會變成怎樣？有各式各樣的可能。

媽媽可能會跟你說：「你不要這樣跟爸爸講話啦。」或是跟著爸爸一鼻孔出氣，叫你以後不要回來。

不管媽媽的態度怎樣，因為你跟爸爸的感情不好，一定會影響到家裡每個人之間的關係。爸爸有事要找你，但他又不想跟你正面溝通，他就會跟你媽媽說：「去叫他回來！打電話給他啦！」

「妳看看兒子，把他給寵壞了，妳到底怎麼教的？」那麼，媽媽會有什麼反應？就看她的個性。如果媽媽很兇，她就會說：「你自己打給他，我才不打！」

「你自己都教不動，有什麼本事講我不會教？」個性很安靜的媽媽，或許就開始哭了起來。她不敢跟爸爸對罵，於是便跑過來罵你。

「你趕快回來！你再不回來，你爸會把我打死！」

「你知道你爸怎樣罵我？都是為了你，我有夠倒楣的！」

反過來看，媽媽跟你之間若發生了問題，一定也會影響到你爸。

要是換成你跟弟弟吵架，媽媽可能會說：「你是哥哥，怎麼都不讓弟弟呢？」看媽媽是疼誰，偏袒某個人，另一個就會覺得不公平。若是爸爸都不講話，覺得不公平的那個人就會想：「爸爸怎麼都沒有責任感？」

「我在家裡是爹不疼、娘不愛的那個小孩。」

「哼，你們都重男輕女。」

爸媽怎麼做都不對，疼女的也不對，疼男的也不對，疼大的也不對，疼小的也不對，家家都有唸不完的經。你到底是要站出來講話，還是挖個洞躲起來？就算站在旁邊觀察，他們的砲火四射，把你也一起罵了進去，是不是搞得雞飛狗跳？家裡是不是像瘋人院？

再舉個更嚴重的例子。家裡有人殘廢或是中風，或是有精神疾病的患者，不管天涯海角都擺脫不掉。就算跑到國外，你一天到晚還是惦記著：「我爸爸要進醫院了，怎麼辦？」你不能專心讀書，不能把心思放在工作上，不能正常地跟朋友交際，一天到晚都在煩惱著這些事情。

這些問題，會讓人生變成沒希望、一團混亂、不想跟人講話……很慘吧？或許你還能強顏歡笑，但是實際的人生過不好，笑出來的都是眼淚。

每個人都知道，想解決這些問題比登天還難，希望找到一條讓人生幸福快樂的捷徑；但我現在就可以告訴你：捷徑是沒有用的！**走捷徑的路，只是暫時跳過那些**

痛苦，但那只是一種虛幻的假象。

你不想面對這些問題，以為抱著鴕鳥心態，就能眼不見為淨，卻不知那些所有跳過的、沒處理的問題，在人生裡還是會重複出現。

我教你的方法很簡單，不過，一切都必須從最基本的功夫做起。你必須將這些過去的問題一直挖下去，把這些刺連根拔起，那種深刻的痛楚，常常會讓你感到刻骨銘心。

當你不夠自律的時候，表現就會出問題。要是你在職場工作，沒有人能了解你發生了什麼事，所以就直接對你扣薪，或是打壓你，責罵你；一旦搞不清楚問題，就會開始自我貶低。

「我是一個非常糟糕的爛人。」

「我的人生，就這樣了。」

你不知道自己為什麼會情緒低落，為什麼會把事情搞砸，彷彿全世界都在跟你作對，於是就開始墮落，或許沒有吸毒、酗酒這麼嚴重，比較常見的就像是上網、

看A片、打電動或是亂搞男女關係，想找些事情麻痺自己。

這種問題，需要專業諮詢的幫忙。

人生這麼長，要執行的專案那麼多，想要樣樣兼顧，哪有那麼容易？每一件專案都跟人有關係，會出問題的部分，也是人的問題。

許多人只想躲在研究室裡做研發，不想要牽扯到跟「人」有關的事情。在家裡上班打電腦的人，不需要面對面的眼神交流，不需要見到對方的表情，有事情盡量也不要打電話，有什麼事傳電子郵件就好了，要不然寄個圖片過來講細節，請勿談什麼交情……沒有人想要面對面直接溝通。但最後若真有什麼狀況，都還是出在「人」的問題。

過年要幹嘛？想去花園看花花草草、去動物園看飛禽猛獸，或是去看場電影都行，但就是不要接觸到人。所以，為什麼要生小孩？因為大家都不講話，家裡的氣氛實在太冷清。

小孩子跑來跑去很熱鬧。他會哭、會笑、會在地上打滾，然後拍拍手叫媽媽、叫阿姨，唱歌給爺爺聽，到處找人秀才藝。不想溝通的大人，希望靠著小孩分散別

第10堂課 突破極限

人的注意力，講話就可以避重就輕，多了小孩之後，你有個正當的名目可以忙著餵奶、換尿布，哄小孩忙一忙，時間很快就打發完了。

你可以回想一下過年的聚會。看電視的看電視，吃東西的吃東西，玩手機的玩手機，反正就是不想坐下來面對面講話，大眼瞪小眼實在很窘，這種聚會情何以堪？若是有人一直想問一些你不想回答的問題，恨不得快點收拾東西打道回府。

「你最近在做什麼？」

「你懷孕了嗎？」

「你找到工作了嗎？」

問題一丟過來，氣氛馬上變凝重，你的壓力很大，想要挖個洞躲起來。過年回家也不過是一兩天的事，你就已經快承受不住了。當執行一個專案時，只要跟人有所關係，一定也會遇到這些壓力與碰撞。

偶爾來這麼一下，勉強還可以受得了；若這種衝撞像連珠炮一直爆炸，你就會說：「去你的，老子不幹了。」

換成是婚姻，老婆會說：「你不能走！」

不過，你還是選擇離開了，而且還很瀟灑地說：「人生沒什麼是放不下的，不過是一個決定而已嘛。」

孩子可以不要，婚姻也可以離掉，工作也可以辭掉，然後，全家開始上演八點檔連續劇——有人心臟不能跳了，有人中風了……有這些狀況發生的時候，表示你的好運就差不多用完了。

那麼，這種狀況什麼時候會發生？老實說，這個問題只有神才能回答你。所以，你一定要快一點進步成長，一切的努力只是為了預防這種狀況發生。一旦發生的時候，不是中風就是得癌症，家破人亡，想要補救都為時已晚。你只能說：「早知道這樣，我就……」

知道又怎樣？我已經跟你講過了，生命一定會有碰撞，一定會有火花，所有會讓你感到不舒服的事情，就是會遇到的極限。既然你已經看到了這些情況，就一定要先做好充分的練習，才能夠突破它。

以剛剛過年回家聚會為例，你有多少的身份？你是堂姐，又是堂妹，你是孫子，又是媳婦，又是小姑姑，甚至還是一個媽媽……有這麼多的身份，每一個你都要處理妥當。一旦沒處理好，碰撞的情形就要開始了。

「你怎麼沒包紅包給奶奶？」

「你見到阿姨怎麼沒叫人？」

「堂姊想跟你調個頭寸……」

「舅舅，上次我拜託你幫我安排的工作，有著落了嗎？」

許多人會問你很多奇怪的問題。明明不干他的事，可是你又不敢說：「關你屁事？」有人問你什麼時候結婚，你不敢說：「我想結的時候就會結。」只要你不表態或講錯話，馬上就開始被炮轟。

「你怎麼這樣講話？」

「喂，叫叔叔伯伯來，幫忙評評理！」

問題越來越多。只要不能應付，就只能一直吃鱉。受到太多的壓抑就一定睡不好，睡不好就會生病，心情受到影響，或是突然失去動力，整天覺得頭昏腦脹。

有很多人在過完年回去工作崗位時，不是遲到就是跟同事吵架，不是生病就是

發生車禍，工作常常出紕漏，或是乾脆請假不來上班。最後，你會覺得這份工作很沒意思，好像一切都在唱反調，搞到自己莫名奇妙，又不知道問題出在哪裡——因為你已經停止進步太久了！

要解決這樣的狀況，就要從生活裡所有的事情著手。你要讓每件事情都在自己的控制之下，能夠處理每一個溝通所發生的問題，也就是前面提到的人與人之間的碰撞。

有人故意用話刺你，就要有本事讓他盡量刺；有人哭到跟孝子一樣，你就讓他盡量哭，要能承受得了別人的各種反應。**人生沒有辦法不受別人影響，不是你影響別人，就是別人來影響你**，輸的人就只好吃鱉、被壓抑、生病、工作出包，所有不幸的事情都會找上門。

你一定要確定每一個溝通都清清楚楚，別人的事就是你的事。若你還是抱著那種眼不見為淨的心態，以為選擇抽離，隱居到深山裡就會沒事嗎？你一個人過得很好，不見得你家人就會很好。你躲在山上很舒服自在，別人可能在山下因為你的事

第10堂課 突破極限

情大吵一架。

你也可以說：「他們吵架，關我什麼事？」

你選擇躲起來只是一個決定，別人要吵架也是他們的決定。他可以決定罵你，或是決定追蹤你到天涯海角。

「你手機為什麼不開機？我打給你六十次了。」

「搞什麼自閉？你都不連絡的是不是？」

不管逃去哪哩，你跟別人牽連的關係還是擺脫不了，不是你所想像的顧好自己就會萬事太平。如果真的有這樣的念頭，那只會凸顯你的幼稚。

不管有什麼不如意的事，你一定得想辦法面對它、解決它，突破自己的關卡。或者，你也可以選擇把自己關起來，試著能關多久就關多久，最好門永遠都不要打開。不過，只要一打開門，你會發現有兩顆砲彈正好準備要射進來。這就像戀愛的小倆口常常關起門來，完全不理會外面的世界。門一打開，馬上被人轟炸，撐不住了就只好分手。

「我們很相愛啊，為什麼要分手？」

「我媽媽說……反正就是不行啦。」

在學校談戀愛的時候，兩個人趁著下課十分鐘躲起來，幹一些偷雞摸狗的事。可是，上課鐘響了怎麼辦？兩個人躲在角落很相愛，那是兩個人的世界，這樣的甜蜜能維持多久？

你回想小時候，在外頭玩到天色很晚，你不怕天黑而是怕回去，一回家就被媽媽的連珠炮攻擊：「你跑去哪裡鬼混？」

「為什麼這麼晚回來？」

「你跟誰在一起？」

「你吃過了怎麼不講？我多煮了飯怎麼辦？」

「作業還沒寫，還敢跑去玩？」

就算沒寫完作業，明天還是繼續跑去玩。玩一玩，想到回家會被修理，就跟朋友說：「算了，我還是回家好了。」

「喂，你很沒意思耶！玩得這麼高興，你為什麼要回家？」

「我回去會被打。」

第10堂課 突破極限

「你會被打？先玩再說啦！」

就算繼續玩，又能開心多久？只要搞不定身邊的人，最後一定是烏煙瘴氣。小時候玩這些遊戲，長大以後就玩愛情，你爸媽問你跟誰在一起？怎麼沒有把她帶回來？搞不定爸媽，就只好決定私奔，又能夠跑去哪裡呢？

這一章是告訴你，你的人生發生什麼事情。如果不解決那些最基本根源的問題，你的人生很難擁有幸福快樂。你從一開始就要朝目標堅持下去，過程裡會經歷很多次瀕臨崩潰的邊緣，一定要撐過去。如果撐不過去，就沒有辦法知道突破極限的樂趣是什麼，也沒有辦法欣賞最後的風景。

走不過，面臨的就是失敗，就是黑暗的深淵，就只能心碎。

一定要讓自己進步成長。遇到極限了，要能夠自律，要學會溝通，把人生的問題妥善處理，自然會突破極限。突破了這關，就會有另一番美麗的風景，心境也會更成熟，心裡自然更踏實。

一次次的突破，會讓自己遇到更艱難的極限，然後又得面臨再一次的突破。身經百戰的你，必定能擁有更多的自信與能力，也能舒適平坦地面對生活、了解人生，認識生命。這就是我們尋找的答案，也是幸福快樂必須經歷的道路。

人生必修10堂課

讀者回函卡

對我們的建議：

郵票請帖於此，
謝謝！

台北郵局第118-322號信箱
P.O. BOX 118-322 Taipei
Taipei City 10599 Taiwan(R.O.C)

創意出版社　收

封 口

請於此處用膠水黏貼

人生必修10堂課

讀者回函卡

謝謝您購買我們出版的書籍，請您抽空填寫這張讀者回函，並延虛線剪下、對摺黏好之後寄回，我們很重視您的寶貴意見，謝謝！

@基本資料

◎姓名：________________________________

◎性別：☐男　☐女

◎生日：西元 __________ 年 ________ 月 ________日

◎地址：________________________________

◎電話：__________ E-mail：________________

◎學歷：☐小學　☐國中　☐高中　☐大專　☐研究所（含以上）

◎職業：

☐學生　☐軍公教　☐服務業　☐金融業　☐製造業

☐資訊業　☐傳播業　☐農漁牧　☐自由業　☐家管

☐其他________________________

◎您從何種方式得知本書？

☐書店　☐網路　☐報紙　☐雜誌　☐廣播　☐電視　☐親友推薦

☐其他

◎您喜歡閱讀哪些類別的書籍？

☐商業財經　☐自然科學　☐歷史　☐法律　☐文學　☐休閒旅遊

☐小說　☐人物傳記　☐生活勵志　☐其他

◎您對本書的意見：

內容：☐滿意　☐尚可　☐應改進

編排：☐滿意　☐尚可　☐應改進

文字：☐滿意　☐尚可　☐應改進

封面：☐滿意　☐尚可　☐應改進

印刷：☐滿意　☐尚可　☐應改進

請於此處用膠水黏貼

國家圖書館出版品預行編目(CIP)資料

人生必修10堂課 / 陳海倫作. – 初版. — 臺北市 ：
創意, 2013. 08（創意系列；21）
ISBN 978-986-89796-0-4(平裝)
1.人生哲學

191.9 102014827

創意系列｜21

人生必修10堂課

What schools don’t teach you

作者｜陳海倫
責任編輯｜劉孝麒
美術編輯｜王尹玲
封面插圖｜呂季原

出版｜創意出版社
發行人｜謝明勳
郵政信箱｜台北郵局第118-322號信箱
P.O. BOX 118-322 Taipei
Taipei City 10599 Taiwan(R.O.C)

電話｜(02)8712-2800
傳真｜(02)8712-2808
E-mail｜creativecreation@yahoo.com.tw
部落格｜first-creativecreation.blogspot.com
印刷｜世和印製企業有限公司

定價｜380元
2020年8月初版三刷

著作權所有，翻印必究

first-creativecreation.blogspot.com

創意有心，讀者開心

陳顧問的facebook
www.facebook.com/consultanthellenchen